Cuaderno de
CICLISMO

Recorrido n° ....

Fecha :   /   /

Hora :   h

Tipo de bicicleta : ....

Equipamiento : ....

Carretera

☐ Betún   ☐ Todo terreno   ☐ Montaña   ☐ Pista   ☐ Otros : ....

Desnivel : ....

Meteo

Condiciones meteorológicas :

🌬   ☐ 1   ☐ 2   ☐ 3   ☐ 4   ☐ 5   .... C°

Mis objetivos

Mi motivación : ☺ ☺ ☺ ☺ ☺

Distancia : .... KM

Lugar : ....

Calorías a quemar : ....

Velocidad mín : ....

Velocidad máx : ....

Velocidad media : ....

Balance de situación

Hora de inicio :   h   Hora de final :   h

Distancia recorrida : .... KM

Calorías quemadas : ....

Frecuencia cardíaca : ....
(Justo después del esfuerzo)

Altitud máx : ....

Velocidad mín : ....

Velocidad máx : ....

Velocidad media : ....

Objetivos alcanzados : ☐ Sí   ☐ No

Notas :

....
....
....
....
....
....
....

Recorrido n° ....

| Fecha :   /   /
 Hora :   h | Tipo de bicicleta : ....
 Equipamiento : .... |

Carretera

☐ Betún   ☐ Todo terreno   ☐ Montaña   ☐ Pista   ☐ Otros : ....

Desnivel : ....

Meteo

Condiciones meteorológicas :

☐ 1   ☐ 2   ☐ 3   ☐ 4   ☐ 5   .... C°

Mis objetivos

Mi motivación :   ☺   ☺   ☺   ☺   ☺   Velocidad mín : ....

Distancia : .... KM

Lugar : ....   Velocidad máx : ....

Calorías a quemar : ....   Velocidad media : ....

Balance de situación

Hora de inicio :   h   Hora de final :   h   Altitud máx : ....

                                      Velocidad mín : ....

Distancia recorrida : .... KM   Velocidad máx : ....

Calorías quemadas : ....   Velocidad media : ....

Frecuencia cardíaca : ....   Objetivos alcanzados : ☐ Sí   ☐ No
(Justo después del esfuerzo)

Notas :

....
....
....
....
....
....

Recorrido n° ....

Fecha : / / **Hora :** h	**Tipo de bicicleta :** .... **Equipamiento :** ....

Carretera

☐ Betún ☐ Todo terreno ☐ Montaña ☐ Pista ☐ Otros : ....

Desnivel : ....

Meteo

Condiciones meteorológicas :

☐ 1 ☐ 2 ☐ 3 ☐ 4 ☐ 5   .... C°

Mis objetivos

Mi motivación : ☺ ☺ ☺ ☺ ☺

Distancia : .... KM

Lugar : ....

Calorías a quemar : ....

Velocidad mín : ....

Velocidad máx : ....

Velocidad media : ....

Balance de situación

Hora de inicio : h   Hora de final : h

Distancia recorrida : .... KM

Calorías quemadas : ....

Frecuencia cardíaca : ....
(Justo después del esfuerzo)

Altitud máx : ....

Velocidad mín : ....

Velocidad máx : ....

Velocidad media : ....

Objetivos alcanzados : ☐ Sí   ☐ No

Notas :

....
....
....
....
....
....

Recorrido n° _____

Fecha : ___ / ___ / ___

Hora : ___ h

Tipo de bicicleta : _____

Equipamiento : _____

Carretera

☐ Betún   ☐ Todo terreno   ☐ Montaña   ☐ Pista   ☐ Otros : _____

Desnivel : _____

Meteo

Condiciones meteorológicas :

☐ 1   ☐ 2   ☐ 3   ☐ 4   ☐ 5   _____ C°

Mis objetivos

Mi motivación : ☺ ☺ ☺ ☺ ☺

Distancia : _____ KM

Lugar : _____

Calorías a quemar : _____

Velocidad mín : _____

Velocidad máx : _____

Velocidad media : _____

Balance de situación

Hora de inicio : ___ h   Hora de final : ___ h

Distancia recorrida : _____ KM

Calorías quemadas : _____

Frecuencia cardíaca : _____
(Justo después del esfuerzo)

Altitud máx : _____

Velocidad mín : _____

Velocidad máx : _____

Velocidad media : _____

Objetivos alcanzados : ☐ Sí   ☐ No

Notas : _____

_____

_____

_____

_____

_____

_____

Recorrido n° ....

Fecha : / / **Hora :** h	Tipo de bicicleta : .... Equipamiento : ....

Carretera

☐ Betún ☐ Todo terreno ☐ Montaña ☐ Pista ☐ Otros : ....

Desnivel : ....

Meteo

Condiciones meteorológicas :

☀ 🌤 ☁ 🌧 🌧 ❄ ❄

🌬 ☐ 1 ☐ 2 ☐ 3 ☐ 4 ☐ 5   🌡 .... C°

Mis objetivos

Mi motivación : ☺ ☺ ☺ ☺ ☺

Distancia : .... KM

Lugar : ....

Calorías a quemar : ....

Velocidad mín : ....

Velocidad máx : ....

Velocidad media : ....

Balance de situación

Hora de inicio : h   Hora de final : h

Distancia recorrida : .... KM

Calorías quemadas : ....

Frecuencia cardíaca : ....
(Justo después del esfuerzo)

Altitud máx : ....

Velocidad mín : ....

Velocidad máx : ....

Velocidad media : ....

Objetivos alcanzados : ☐ Sí   ☐ No

Notas :

....

....

....

....

....

....

Recorrido n° ....

Fecha : / / Hora : h	Tipo de bicicleta : .... Equipamiento : ....

Carretera

☐ Betún   ☐ Todo terreno   ☐ Montaña   ☐ Pista   ☐ Otros : ....

Desnivel : ....

Meteo

Condiciones
meteorológicas :

☐ 1   ☐ 2   ☐ 3   ☐ 4   ☐ 5   .... C°

Mis objetivos

Mi motivación : ☺ ☺ ☺ ☺ ☺

Distancia : .... KM

Lugar : ....

Calorías a quemar : ....

Velocidad mín : ....

Velocidad máx : ....

Velocidad media : ....

Balance de situación

Hora de inicio :   h   Hora de final :   h

Distancia recorrida : .... KM

Calorías quemadas : ....

Frecuencia cardíaca : ....
(Justo despues del esfuerzo)

Altitud máx : ....

Velocidad mín : ....

Velocidad máx : ....

Velocidad media : ....

Objetivos alcanzados : ☐ Sí   ☐ No

Notas : ....
....
....
....
....
....
....

Recorrido n° ....

Fecha : / /	Tipo de bicicleta : ....
Hora : h	Equipamiento : ....

Carretera

☐ Betún ☐ Todo terreno ☐ Montaña ☐ Pista ☐ Otros : ....

Desnivel : ....

Meteo

Condiciones meteorológicas :

☐ 1 ☐ 2 ☐ 3 ☐ 4 ☐ 5

.... C°

Mis objetivos

Mi motivación : ☺ ☺ ☺ ☺ ☺

Distancia : .... KM

Lugar : ....

Calorías a quemar : ....

Velocidad mín : ....

Velocidad máx : ....

Velocidad media : ....

Balance de situación

Hora de inicio :   h   Hora de final :   h

Distancia recorrida : .... KM

Calorías quemadas : ....

Frecuencia cardíaca : ....
(Justo después del esfuerzo)

Altitud máx : ....

Velocidad mín : ....

Velocidad máx : ....

Velocidad media : ....

Objetivos alcanzados : ☐ Sí   ☐ No

Notas :

....

....

....

....

....

....

Recorrido n° ....

Fecha : / / Hora : h	Tipo de bicicleta : .... Equipamiento : ....

Carretera

☐ Betún   ☐ Todo terreno   ☐ Montaña   ☐ Pista   ☐ Otros : ....

Desnivel : ....

Meteo

Condiciones meteorológicas :

☐ 1   ☐ 2   ☐ 3   ☐ 4   ☐ 5   .... C°

Mis objetivos

Mi motivación : ☺ ☺ ☺ ☺ ☺

Distancia : .... KM

Lugar : ....

Calorías a quemar : ....

Velocidad mín : ....

Velocidad máx : ....

Velocidad media : ....

Balance de situación

Hora de inicio :   h   Hora de final :   h

Distancia recorrida : .... KM

Calorías quemadas : ....

Frecuencia cardíaca : ....
(Justo después del esfuerzo)

Altitud máx : ....

Velocidad mín : ....

Velocidad máx : ....

Velocidad media : ....

Objetivos alcanzados : ☐ Sí   ☐ No

Notas :

....

....

....

....

....

....

Recorrido n° ....

Fecha : / / Hora : h	Tipo de bicicleta : .... Equipamiento : ....

Carretera

☐ Betún   ☐ Todo terreno   ☐ Montaña   ☐ Pista   ☐ Otros : ....

Desnivel : ....

Meteo

Condiciones
meteorológicas :

☐ 1   ☐ 2   ☐ 3   ☐ 4   ☐ 5   .... C°

Mis objetivos

Mi motivación : ☺ ☺ ☺ ☺ ☺

Distancia : .... KM

Lugar : ....

Calorías a quemar : ....

Velocidad mín : ....

Velocidad máx : ....

Velocidad media : ....

Balance de situación

Hora de inicio :   h   Hora de final :   h

Distancia recorrida : .... KM

Calorías quemadas : ....

Frecuencia cardíaca : ....
(Justo después del esfuerzo)

Altitud máx : ....

Velocidad mín : ....

Velocidad máx : ....

Velocidad media : ....

Objetivos alcanzados : ☐ Sí   ☐ No

Notas : ....

....
....
....
....
....
....

Recorrido n° ....

Fecha : / /	Tipo de bicicleta : ....
Hora : h	Equipamiento : ....

Carretera

☐ Betún   ☐ Todo terreno   ☐ Montaña   ☐ Pista   ☐ Otros : ....

Desnivel : ....

Meteo

Condiciones meteorológicas :

🌬   ☐ 1   ☐ 2   ☐ 3   ☐ 4   ☐ 5   🌡 .... C°

Mis objetivos

Mi motivación :   ☺   ☺   ☺   ☺   ☺

Distancia : .... KM

Lugar : ....

Calorías a quemar : ....

Velocidad mín : ....

Velocidad máx : ....

Velocidad media : ....

Balance de situación

Hora de inicio :   h   Hora de final :   h

Distancia recorrida : .... KM

Calorías quemadas : ....

Frecuencia cardíaca : ....
(Justo después del esfuerzo)

Altitud máx : ....

Velocidad mín : ....

Velocidad máx : ....

Velocidad media : ....

Objetivos alcanzados : ☐ Sí   ☐ No

Notas : ....

....

....

....

....

....

Recorrido n° ....

Fecha : / /	Tipo de bicicleta : ....
Hora : h	Equipamiento : ....

Carretera

☐ Betún   ☐ Todo terreno   ☐ Montaña   ☐ Pista   ☐ Otros : ....

Desnivel : ....

Meteo

Condiciones meteorológicas :   🌞   ⛅   ☁️   🌧️   🌧️   ❄️

🌬️   ☐ 1   ☐ 2   ☐ 3   ☐ 4   ☐ 5   🌡️ .... C°

Mis objetivos

Mi motivación :   ☺   ☺   ☺   ☺   ☺

Distancia : .... KM

Lugar : ....

Calorías a quemar : ....

Velocidad mín : ....

Velocidad máx : ....

Velocidad media : ....

Balance de situación

Hora de inicio :   h   Hora de final :   h

Distancia recorrida : .... KM

Calorías quemadas : ....

Frecuencia cardíaca : ....
(Justo después del esfuerzo)

Altitud máx : ....

Velocidad mín : ....

Velocidad máx : ....

Velocidad media : ....

Objetivos alcanzados :   ☐ Sí   ☐ No

Notas : ....
....
....
....
....
....
....

Recorrido n° ....

Fecha : / /	Tipo de bicicleta : ....
Hora : h	Equipamiento : ....

Carretera

☐ Betún ☐ Todo terreno ☐ Montaña ☐ Pista ☐ Otros : ....

Desnivel : ....

Meteo

Condiciones meteorológicas :

☐ 1 ☐ 2 ☐ 3 ☐ 4 ☐ 5   .... C°

Mis objetivos

Mi motivación : ☺ ☺ ☺ ☺ ☺

Distancia : .... KM

Lugar : ....

Calorías a quemar : ....

Velocidad mín : ....

Velocidad máx : ....

Velocidad media : ....

Balance de situación

Hora de inicio : h   Hora de final : h

Distancia recorrida : .... KM

Calorías quemadas : ....

Frecuencia cardíaca : ....
(Justo después del esfuerzo)

Altitud máx : ....

Velocidad mín : ....

Velocidad máx : ....

Velocidad media : ....

Objetivos alcanzados : ☐ Sí   ☐ No

Notas :

....
....
....
....
....
....

Recorrido nº ....

Fecha :   /   /

Hora :   h

Tipo de bicicleta : ....

Equipamiento : ....

Carretera

☐ Betún   ☐ Todo terreno   ☐ Montaña   ☐ Pista   ☐ Otros : ....

Desnivel : ....

Meteo

Condiciones meteorológicas :

☐ 1   ☐ 2   ☐ 3   ☐ 4   ☐ 5   .... C°

Mis objetivos

Mi motivación : ☺ ☺ ☺ ☺ ☺

Distancia : .... KM

Lugar : ....

Calorías a quemar : ....

Velocidad mín : ....

Velocidad máx : ....

Velocidad media : ....

Balance de situación

Hora de inicio :   h   Hora de final :   h

Distancia recorrida : .... KM

Calorías quemadas : ....

Frecuencia cardíaca : ....
(Justo después del esfuerzo)

Altitud máx : ....

Velocidad mín : ....

Velocidad máx : ....

Velocidad media : ....

Objetivos alcanzados : ☐ Sí   ☐ No

Notas :

....
....
....
....
....
....
....

Recorrido n°

Fecha : / /	Tipo de bicicleta :
Hora : h	Equipamiento :

Carretera

☐ Betún ☐ Todo terreno ☐ Montaña ☐ Pista ☐ Otros :

Desnivel :

Meteo

Condiciones meteorológicas :

☐ 1 ☐ 2 ☐ 3 ☐ 4 ☐ 5

C°

Mis objetivos

Mi motivación : ☺ ☺ ☺ ☺ ☺

Distancia : KM

Lugar :

Calorías a quemar :

Velocidad mín :

Velocidad máx :

Velocidad media :

Balance de situación

Hora de inicio : h   Hora de final : h

Distancia recorrida : KM

Calorías quemadas :

Frecuencia cardíaca :
(Justo después del esfuerzo)

Altitud máx :

Velocidad mín :

Velocidad máx :

Velocidad media :

Objetivos alcanzados : ☐ Sí   ☐ No

Notas :

Recorrido n° ....

Fecha : / /

Hora : h

Tipo de bicicleta : ....
....

Equipamiento : ....
....

Carretera

☐ Betún ☐ Todo terreno ☐ Montaña ☐ Pista ☐ Otros : ....

Desnivel : ....

Meteo

Condiciones meteorológicas :

☐ 1 ☐ 2 ☐ 3 ☐ 4 ☐ 5

.... C°

Mis objetivos

Mi motivación : ☺ ☺ ☺ ☺ ☺

Distancia : .... KM

Lugar : ....

Calorías a quemar : ....

Velocidad mín : ....

Velocidad máx : ....

Velocidad media : ....

Balance de situación

Hora de inicio : h   Hora de final : h

Distancia recorrida : .... KM

Calorías quemadas : ....

Frecuencia cardíaca : ....
(Justo después del esfuerzo)

Altitud máx : ....

Velocidad mín : ....

Velocidad máx : ....

Velocidad media : ....

Objetivos alcanzados : ☐ Sí   ☐ No

Notas :

....
....
....
....
....
....
....

Recorrido n° ....

Fecha : / / **Hora :** h	Tipo de bicicleta : .... Equipamiento : ....

Carretera

☐ Betún   ☐ Todo terreno   ☐ Montaña   ☐ Pista   ☐ Otros : ....

Desnivel : ....

Meteo

Condiciones meteorológicas :

≋   ☐ 1   ☐ 2   ☐ 3   ☐ 4   ☐ 5   🌡 .... C°

Mis objetivos

Mi motivación : ☺ ☺ ☺ ☺ ☺

Distancia : .... KM

Lugar : ....

Calorías a quemar : ....

Velocidad mín : ....

Velocidad máx : ....

Velocidad media : ....

Balance de situación

Hora de inicio :   h   Hora de final :   h

Distancia recorrida : .... KM

Calorías quemadas : ....

Frecuencia cardíaca : ....
(Justo despúes del esfuerzo)

Altitud máx : ....

Velocidad mín : ....

Velocidad máx : ....

Velocidad media : ....

Objetivos alcanzados : ☐ Sí   ☐ No

Notas : ....

....

....

....

....

....

....

Recorrido n° ....

Fecha : / /	Tipo de bicicleta : ....
Hora : h	Equipamiento : ....

Carretera

☐ Betún   ☐ Todo terreno   ☐ Montaña   ☐ Pista   ☐ Otros : ....

Desnivel : ....

Meteo

Condiciones meteorológicas :

☐ 1   ☐ 2   ☐ 3   ☐ 4   ☐ 5   .... C°

Mis objetivos

Mi motivación :   ☺ ☺ ☺ ☺ ☺

Distancia : .... KM

Lugar : ....

Calorías a quemar : ....

Velocidad mín : ....

Velocidad máx : ....

Velocidad media : ....

Balance de situación

Hora de inicio :   h   Hora de final :   h

Distancia recorrida : .... KM

Calorías quemadas : ....

Frecuencia cardíaca : ....
(Justo después del esfuerzo)

Altitud máx : ....

Velocidad mín : ....

Velocidad máx : ....

Velocidad media : ....

Objetivos alcanzados : ☐ Sí   ☐ No

Notas :

....

....

....

....

....

....

Recorrido nº ....

Fecha : / /	Tipo de bicicleta : ....
Hora : h	Equipamiento : ....

Carretera

☐ Betún ☐ Todo terreno ☐ Montaña ☐ Pista ☐ Otros : ....

Desnivel : ....

Meteo

Condiciones meteorológicas :

☐ 1 ☐ 2 ☐ 3 ☐ 4 ☐ 5 .... C°

Mis objetivos

Mi motivación : ☺ ☺ ☺ ☺ ☺

Distancia : .... KM

Lugar : ....

Calorías a quemar : ....

Velocidad mín : ....

Velocidad máx : ....

Velocidad media : ....

Balance de situación

Hora de inicio : h   Hora de final : h

Distancia recorrida : .... KM

Calorías quemadas : ....

Frecuencia cardíaca : ....
(Justo después del esfuerzo)

Altitud máx : ....

Velocidad mín : ....

Velocidad máx : ....

Velocidad media : ....

Objetivos alcanzados : ☐ Sí   ☐ No

Notas :

....
....
....
....
....
....
....

Recorrido n° ....

Fecha : / /	Tipo de bicicleta : ....
Hora : h	Equipamiento : ....

Carretera

☐ Betún   ☐ Todo terreno   ☐ Montaña   ☐ Pista   ☐ Otros : ....

Desnivel : ....

Meteo

Condiciones meteorológicas :

☐ 1   ☐ 2   ☐ 3   ☐ 4   ☐ 5   .... C°

Mis objetivos

Mi motivación : ☺ ☺ ☺ ☺ ☺

Distancia : .... KM

Lugar : ....

Calorías a quemar : ....

Velocidad mín : ....

Velocidad máx : ....

Velocidad media : ....

Balance de situación

Hora de inicio :   h   Hora de final :   h

Distancia recorrida : .... KM

Calorías quemadas : ....

Frecuencia cardíaca : ....
(Justo después del esfuerzo)

Altitud máx : ....

Velocidad mín : ....

Velocidad máx : ....

Velocidad media : ....

Objetivos alcanzados : ☐ Sí   ☐ No

Notas : ....
....
....
....
....
....
....

Recorrido n° ....

Fecha : / /

Hora : h

Tipo de bicicleta : ....

Equipamiento : ....

Carretera

☐ Betún ☐ Todo terreno ☐ Montaña ☐ Pista ☐ Otros : ....

Desnivel : ....

Meteo

Condiciones meteorológicas :

☐ 1 ☐ 2 ☐ 3 ☐ 4 ☐ 5

.... C°

Mis objetivos

Mi motivación : ☺ ☺ ☺ ☺ ☺

Distancia : .... KM

Lugar : ....

Calorías a quemar : ....

Velocidad mín : ....

Velocidad máx : ....

Velocidad media : ....

Balance de situación

Hora de inicio : h   Hora de final : h

Distancia recorrida : .... KM

Calorías quemadas : ....

Frecuencia cardíaca : ....
(Justo después del esfuerzo)

Altitud máx : ....

Velocidad mín : ....

Velocidad máx : ....

Velocidad media : ....

Objetivos alcanzados : ☐ Sí   ☐ No

Notas : ....

....
....
....
....
....
....

Recorrido n° ....

Fecha : / /	Tipo de bicicleta : ....
Hora : h	Equipamiento : ....

Carretera

☐ Betún   ☐ Todo terreno   ☐ Montaña   ☐ Pista   ☐ Otros : ....

Desnivel : ....

Meteo

Condiciones meteorológicas :

☐ 1   ☐ 2   ☐ 3   ☐ 4   ☐ 5   .... C°

Mis objetivos

Mi motivación : ☺ ☺ ☺ ☺ ☺

Distancia : .... KM

Lugar : ....

Calorías a quemar : ....

Velocidad mín : ....

Velocidad máx : ....

Velocidad media : ....

Balance de situación

Hora de inicio : h   Hora de final : h

Distancia recorrida : .... KM

Calorías quemadas : ....

Frecuencia cardíaca : ....
(Justo después del esfuerzo)

Altitud máx : ....

Velocidad mín : ....

Velocidad máx : ....

Velocidad media : ....

Objetivos alcanzados : ☐ Sí   ☐ No

Notas :

....
....
....
....
....
....

Recorrido n° ....

Fecha : / /	**Tipo de bicicleta :** ....
Hora : h	**Equipamiento :** ....

Carretera

☐ Betún   ☐ Todo terreno   ☐ Montaña   ☐ Pista   ☐ Otros : ....

Desnivel : ....

Meteo

Condiciones meteorológicas :

  ☐ 1   ☐ 2   ☐ 3   ☐ 4   ☐ 5   .... C°

Mis objetivos

Mi motivación : ☺ ☺ ☺ ☺ ☺

Distancia : .... KM

Lugar : ....

Calorías a quemar : ....

Velocidad mín : ....

Velocidad máx : ....

Velocidad media : ....

Balance de situación

Hora de inicio :   h   Hora de final :   h

Distancia recorrida : .... KM

Calorías quemadas : ....

Frecuencia cardíaca : ....
(Justo después del esfuerzo)

Altitud máx : ....

Velocidad mín : ....

Velocidad máx : ....

Velocidad media : ....

Objetivos alcanzados : ☐ Sí   ☐ No

Notas : ....

....
....
....
....
....
....

Recorrido n° ....

Fecha : / /	Tipo de bicicleta : ....
Hora : h	Equipamiento : ....

Carretera

☐ Betún   ☐ Todo terreno   ☐ Montaña   ☐ Pista   ☐ Otros : ....

Desnivel : ....

Meteo

Condiciones
meteorológicas :

☐ 1   ☐ 2   ☐ 3   ☐ 4   ☐ 5   .... C°

Mis objetivos

Mi motivación : ☺ ☺ ☺ ☺ ☺   Velocidad mín : ....

Distancia : .... KM

Lugar : ....   Velocidad máx : ....

Calorías a quemar : ....   Velocidad media : ....

Balance de situación

Hora de inicio :   h   Hora de final :   h   Altitud máx : ....

Distancia recorrida : .... KM   Velocidad mín : ....

Velocidad máx : ....

Calorías quemadas : ....   Velocidad media : ....

Frecuencia cardíaca : ....   Objetivos alcanzados : ☐ Sí   ☐ No
(Justo después del esfuerzo)

Notas : ....

....
....
....
....
....
....
....

Recorrido n° ....

Fecha : / / Hora : h	Tipo de bicicleta : .... Equipamiento : ....

Carretera

☐ Betún   ☐ Todo terreno   ☐ Montaña   ☐ Pista   ☐ Otros : ....

Desnivel : ....

Meteo

Condiciones meteorológicas :

☐ 1   ☐ 2   ☐ 3   ☐ 4   ☐ 5   .... C°

Mis objetivos

Mi motivación : ☺   ☺   ☺   ☺   ☺

Distancia : .... KM

Lugar : ....

Calorías a quemar : ....

Velocidad mín : ....

Velocidad máx : ....

Velocidad media : ....

Balance de situación

Hora de inicio :   h   Hora de final :   h

Distancia recorrida : .... KM

Calorías quemadas : ....

Frecuencia cardíaca : ....
(Justo después del esfuerzo)

Altitud máx : ....

Velocidad mín : ....

Velocidad máx : ....

Velocidad media : ....

Objetivos alcanzados : ☐ Sí   ☐ No

Notas :

....
....
....
....
....
....

Recorrido n° ....

Fecha : / / **Hora :** h	Tipo de bicicleta : .... Equipamiento : ....

Carretera

☐ Betún ☐ Todo terreno ☐ Montaña ☐ Pista ☐ Otros : ....

Desnivel : ....

Meteo

Condiciones
meteorológicas :

☐ 1 ☐ 2 ☐ 3 ☐ 4 ☐ 5   .... C°

Mis objetivos

Mi motivación : ☺ ☺ ☺ ☺ ☺   Velocidad mín : ....

Distancia : .... KM

Lugar : ....   Velocidad máx : ....

Calorías a quemar : ....   Velocidad media : ....

Balance de situación

Hora de inicio : h   Hora de final : h   Altitud máx : ....

Velocidad mín : ....

Distancia recorrida : .... KM   Velocidad máx : ....

Calorías quemadas : ....   Velocidad media : ....

Frecuencia cardíaca : ....   Objetivos alcanzados : ☐ Sí   ☐ No
(Justo después del esfuerzo)

Notas : ....

....
....
....
....
....
....

Recorrido n° ....

Fecha : / /	Tipo de bicicleta : ....
Hora : h	Equipamiento : ....

Carretera

☐ Betún   ☐ Todo terreno   ☐ Montaña   ☐ Pista   ☐ Otros : ....

Desnivel : ....

Meteo

Condiciones
meteorológicas :

☐ 1   ☐ 2   ☐ 3   ☐ 4   ☐ 5   .... C°

Mis objetivos

Mi motivación : ☺ ☺ ☺ ☺ ☺

Distancia : .... KM

Lugar : ....

Calorías a quemar : ....

Velocidad mín : ....

Velocidad máx : ....

Velocidad media : ....

Balance de situación

Hora de inicio :   h   Hora de final :   h

Distancia recorrida : .... KM

Calorías quemadas : ....

Frecuencia cardíaca : ....
(Justo después del esfuerzo)

Altitud máx : ....

Velocidad mín : ....

Velocidad máx : ....

Velocidad media : ....

Objetivos alcanzados : ☐ Sí   ☐ No

Notas :

....
....
....
....
....
....

Recorrido n° ....

Fecha : / /	Tipo de bicicleta : ....
Hora : h	Equipamiento : ....

Carretera

☐ Betún ☐ Todo terreno ☐ Montaña ☐ Pista ☐ Otros : ....

Desnivel : ....

Meteo

Condiciones meteorológicas :

☰ ☐ 1 ☐ 2 ☐ 3 ☐ 4 ☐ 5   🌡 .... C°

Mis objetivos

Mi motivación : ☺ ☺ ☺ ☺ ☺

Distancia : .... KM

Lugar : ....

Calorías a quemar : ....

Velocidad mín : ....

Velocidad máx : ....

Velocidad media : ....

Balance de situación

Hora de inicio : h   Hora de final : h

Distancia recorrida : .... KM

Calorías quemadas : ....

Frecuencia cardíaca : ....
(Justo después del esfuerzo)

Altitud máx : ....

Velocidad mín : ....

Velocidad máx : ....

Velocidad media : ....

Objetivos alcanzados : ☐ Sí   ☐ No

Notas : ....

....

....

....

....

....

....

Recorrido n° ....

Fecha : / /

Hora : h

Tipo de bicicleta : ....

Equipamiento : ....

Carretera

☐ Betún ☐ Todo terreno ☐ Montaña ☐ Pista ☐ Otros : ....

Desnivel : ....

Meteo

Condiciones meteorológicas :

☐ 1 ☐ 2 ☐ 3 ☐ 4 ☐ 5

.... C°

Mis objetivos

Mi motivación : ☺ ☺ ☺ ☺ ☺

Distancia : .... KM

Lugar : ....

Calorías a quemar : ....

Velocidad mín : ....

Velocidad máx : ....

Velocidad media : ....

Balance de situación

Hora de inicio : h   Hora de final : h

Distancia recorrida : .... KM

Calorías quemadas : ....

Frecuencia cardíaca : ....
(Justo después del esfuerzo)

Altitud máx : ....

Velocidad mín : ....

Velocidad máx : ....

Velocidad media : ....

Objetivos alcanzados : ☐ Sí   ☐ No

Notas :

....
....
....
....
....
....
....

Recorrido n° ....

Fecha : /   /

Hora :   h

Tipo de bicicleta : ....
....

Equipamiento : ....
....

Carretera

☐ Betún ☐ Todo terreno ☐ Montaña ☐ Pista ☐ Otros : ....

Desnivel : ....

Meteo

Condiciones
meteorológicas :

☐ 1   ☐ 2   ☐ 3   ☐ 4   ☐ 5   .... C°

Mis objetivos

Mi motivación : ☺ ☺ ☺ ☺ ☺

Distancia : .... KM

Lugar : ....

Calorías a quemar : ....

Velocidad mín : ....

Velocidad máx : ....

Velocidad media : ....

Balance de situación

Hora de inicio :   h   Hora de final :   h

Distancia recorrida : .... KM

Calorías quemadas : ....

Frecuencia cardíaca : ....
(Justo después del esfuerzo)

Altitud máx : ....

Velocidad mín : ....

Velocidad máx : ....

Velocidad media : ....

Objetivos alcanzados : ☐ Sí   ☐ No

Notas :
....
....
....
....
....
....
....

Recorrido n° ....

Fecha : / / Hora : h	Tipo de bicicleta : .... Equipamiento : ....

Carretera

☐ Betún   ☐ Todo terreno   ☐ Montaña   ☐ Pista   ☐ Otros : ....

Desnivel : ....

Meteo

Condiciones meteorológicas :

☐ 1   ☐ 2   ☐ 3   ☐ 4   ☐ 5   .... C°

Mis objetivos

Mi motivación : ☺ ☺ ☺ ☺ ☺

Distancia : .... KM

Lugar : ....

Calorías a quemar : ....

Velocidad mín : ....

Velocidad máx : ....

Velocidad media : ....

Balance de situación

Hora de inicio :   h   Hora de final :   h

Distancia recorrida : .... KM

Calorías quemadas : ....

Frecuencia cardíaca : ....
(Justo después del esfuerzo)

Altitud máx : ....

Velocidad mín : ....

Velocidad máx : ....

Velocidad media : ....

Objetivos alcanzados : ☐ Sí   ☐ No

Notas : ....
....
....
....
....
....
....
....

Recorrido n° ....

Fecha : / /

Hora : h

Tipo de bicicleta : ....

Equipamiento : ....

Carretera

□ Betún   □ Todo terreno   □ Montaña   □ Pista   □ Otros : ....

Desnivel : ....

Meteo

Condiciones meteorológicas :

□ 1   □ 2   □ 3   □ 4   □ 5   .... C°

Mis objetivos

Mi motivación : ☺ ☺ ☺ ☺ ☺

Distancia : .... KM

Lugar : ....

Calorías a quemar : ....

Velocidad mín : ....

Velocidad máx : ....

Velocidad media : ....

Balance de situación

Hora de inicio : h   Hora de final : h

Distancia recorrida : .... KM

Calorías quemadas : ....

Frecuencia cardíaca : ....
(Justo después del esfuerzo)

Altitud máx : ....

Velocidad mín : ....

Velocidad máx : ....

Velocidad media : ....

Objetivos alcanzados : □ Sí   □ No

Notas : ....

....

....

....

....

....

....

Recorrido n° _____

Fecha : / / Hora : h	Tipo de bicicleta : .... Equipamiento : ....

Carretera

☐ Betún   ☐ Todo terreno   ☐ Montaña   ☐ Pista   ☐ Otros : _____

Desnivel : _____

Meteo

Condiciones meteorológicas :

☐ 1   ☐ 2   ☐ 3   ☐ 4   ☐ 5   .... C°

Mis objetivos

Mi motivación : ☺ ☺ ☺ ☺ ☺

Distancia : _____ KM

Lugar : _____

Calorías a quemar : _____

Velocidad mín : _____

Velocidad máx : _____

Velocidad media : _____

Balance de situación

Hora de inicio :   h   Hora de final :   h

Distancia recorrida : _____ KM

Calorías quemadas : _____

Frecuencia cardíaca : _____
(Justo después del esfuerzo)

Altitud máx : _____

Velocidad mín : _____

Velocidad máx : _____

Velocidad media : _____

Objetivos alcanzados : ☐ Sí   ☐ No

Notas :

....
....
....
....
....
....

Recorrido n° ....

Fecha : / / Hora : h	Tipo de bicicleta : .... Equipamiento : ....

Carretera

☐ Betún   ☐ Todo terreno   ☐ Montaña   ☐ Pista   ☐ Otros : ....

Desnivel : ....

Meteo

Condiciones meteorológicas :

☐ 1   ☐ 2   ☐ 3   ☐ 4   ☐ 5   .... C°

Mis objetivos

Mi motivación : ☺ ☺ ☺ ☺ ☺

Distancia : .... KM

Lugar : ....

Calorías a quemar : ....

Velocidad mín : ....

Velocidad máx : ....

Velocidad media : ....

Balance de situación

Hora de inicio :   h   Hora de final :   h

Distancia recorrida : .... KM

Calorías quemadas : ....

Frecuencia cardíaca : ....
(Justo después del esfuerzo)

Altitud máx : ....

Velocidad mín : ....

Velocidad máx : ....

Velocidad media : ....

Objetivos alcanzados : ☐ Sí   ☐ No

Notas :

....
....
....
....
....
....
....

Recorrido n° ....

Fecha : / / Hora : h	Tipo de bicicleta : .... Equipamiento : ....

Carretera

☐ Betún   ☐ Todo terreno   ☐ Montaña   ☐ Pista   ☐ Otros : ....

Desnivel : ....

Meteo

Condiciones meteorológicas :

☐ 1   ☐ 2   ☐ 3   ☐ 4   ☐ 5   .... C°

Mis objetivos

Mi motivación : ☺ ☺ ☺ ☺ ☺   Velocidad mín : ....

Distancia : .... KM

Lugar : ....   Velocidad máx : ....

Calorías a quemar : ....   Velocidad media : ....

Balance de situación

Hora de inicio :   h   Hora de final :   h   Altitud máx : ....

Velocidad mín : ....

Distancia recorrida : .... KM   Velocidad máx : ....

Velocidad media : ....

Calorías quemadas : ....

Frecuencia cardíaca : ....   Objetivos alcanzados : ☐ Sí   ☐ No

(Justo después del esfuerzo)

Notas : ....

....

....

....

....

....

....

Recorrido n° ....

Fecha : / / **Hora :** h	Tipo de bicicleta : .... Equipamiento : ....

Carretera

☐ Betún   ☐ Todo terreno   ☐ Montaña   ☐ Pista   ☐ Otros : ....

Desnivel : ....

Meteo

Condiciones meteorológicas :

☐ 1   ☐ 2   ☐ 3   ☐ 4   ☐ 5   .... C°

Mis objetivos

Mi motivación : ☺ ☺ ☺ ☺ ☺

Distancia : .... KM

Lugar : ....

Calorías a quemar : ....

Velocidad mín : ....

Velocidad máx : ....

Velocidad media : ....

Balance de situación

Hora de inicio : h   Hora de final : h

Distancia recorrida : .... KM

Calorías quemadas : ....

Frecuencia cardíaca : ....
(Justo después del esfuerzo)

Altitud máx : ....

Velocidad mín : ....

Velocidad máx : ....

Velocidad media : ....

Objetivos alcanzados : ☐ Sí   ☐ No

Notas :

....
....
....
....
....
....
....

Recorrido n° ....

Fecha : / /	Tipo de bicicleta : ....
Hora : h	Equipamiento : ....

Carretera

☐ Betún   ☐ Todo terreno   ☐ Montaña   ☐ Pista   ☐ Otros : ....

Desnivel : ....

Meteo

Condiciones meteorológicas :

☐ 1   ☐ 2   ☐ 3   ☐ 4   ☐ 5   .... C°

Mis objetivos

Mi motivación : ☺ ☺ ☺ ☺ ☺

Distancia : .... KM

Lugar : ....

Calorías a quemar : ....

Velocidad mín : ....

Velocidad máx : ....

Velocidad media : ....

Balance de situación

Hora de inicio :   h   Hora de final :   h

Distancia recorrida : .... KM

Calorías quemadas : ....

Frecuencia cardíaca : ....
(Justo después del esfuerzo)

Altitud máx : ....

Velocidad mín : ....

Velocidad máx : ....

Velocidad media : ....

Objetivos alcanzados : ☐ Sí   ☐ No

Notas :

....
....
....
....
....
....
....

Recorrido n° ....

Fecha : / / **Hora :** h	Tipo de bicicleta : .... Equipamiento : ....

Carretera

☐ Betún   ☐ Todo terreno   ☐ Montaña   ☐ Pista   ☐ Otros : ....

Desnivel : ....

Meteo

Condiciones meteorológicas :

☐ 1   ☐ 2   ☐ 3   ☐ 4   ☐ 5   .... C°

Mis objetivos

Mi motivación : ☺ ☺ ☺ ☺ ☺

Distancia : .... KM

Lugar : ....

Calorías a quemar : ....

Velocidad mín : ....

Velocidad máx : ....

Velocidad media : ....

Balance de situación

Hora de inicio :   h   Hora de final :   h

Distancia recorrida : .... KM

Calorías quemadas : ....

Frecuencia cardíaca : ....

(Justo después del esfuerzo)

Altitud máx : ....

Velocidad mín : ....

Velocidad máx : ....

Velocidad media : ....

Objetivos alcanzados : ☐ Sí   ☐ No

Notas : ....

....

....

....

....

....

....

Recorrido n° ....

Fecha : / / **Hora :** h	Tipo de bicicleta : .... Equipamiento : ....

Carretera

☐ Betún ☐ Todo terreno ☐ Montaña ☐ Pista ☐ Otros : ....

Desnivel : ....

Meteo

Condiciones
meteorológicas :

☐ 1 ☐ 2 ☐ 3 ☐ 4 ☐ 5   .... C°

Mis objetivos

Mi motivación : ☺ ☺ ☺ ☺ ☺   Velocidad mín : ....

Distancia : .... KM

Lugar : ....   Velocidad máx : ....

Calorías a quemar : ....   Velocidad media : ....

Balance de situación

Hora de inicio : h   Hora de final : h   Altitud máx : ....

Velocidad mín : ....

Distancia recorrida : .... KM   Velocidad máx : ....

Velocidad media : ....

Calorías quemadas : ....

Frecuencia cardíaca : ....   Objetivos alcanzados : ☐ Sí   ☐ No
(Justo después del esfuerzo)

Notas : ....

....
....
....
....
....
....

Recorrido n° ....

Fecha : / / Hora : h	Tipo de bicicleta : .... Equipamiento : ....

Carretera

☐ Betún ☐ Todo terreno ☐ Montaña ☐ Pista ☐ Otros : ....

Desnivel : ....

Meteo

Condiciones meteorológicas :

☐1 ☐2 ☐3 ☐4 ☐5   .... C°

Mis objetivos

Mi motivación : ☺ ☺ ☺ ☺ ☺

Distancia : .... KM

Lugar : ....

Calorías a quemar : ....

Velocidad mín : ....

Velocidad máx : ....

Velocidad media : ....

Balance de situación

Hora de inicio : h   Hora de final : h

Distancia recorrida : .... KM

Calorías quemadas : ....

Frecuencia cardíaca : ....
(Justo después del esfuerzo)

Altitud máx : ....

Velocidad mín : ....

Velocidad máx : ....

Velocidad media : ....

Objetivos alcanzados : ☐ Sí   ☐ No

Notas :

....
....
....
....
....
....

Recorrido n°

Fecha : / /
Hora : h

Tipo de bicicleta :
Equipamiento :

Carretera

☐ Betún ☐ Todo terreno ☐ Montaña ☐ Pista ☐ Otros :
Desnivel :

Meteo

Condiciones meteorológicas :

☐ 1 ☐ 2 ☐ 3 ☐ 4 ☐ 5

_____ C°

Mis objetivos

Mi motivación : ☺ ☺ ☺ ☺ ☺
Distancia : _____ KM
Lugar :
Calorías a quemar :

Velocidad mín :
Velocidad máx :
Velocidad media :

Balance de situación

Hora de inicio : h   Hora de final : h

Distancia recorrida : _____ KM

Calorías quemadas :

Frecuencia cardíaca :
(Justo después del esfuerzo)

Altitud máx :
Velocidad mín :
Velocidad máx :
Velocidad media :
Objetivos alcanzados : ☐ Sí ☐ No

Notas :

Recorrido n° ....

Fecha : / / **Hora :** h	**Tipo de bicicleta :** .... **Equipamiento :** ....

Carretera

☐ Betún   ☐ Todo terreno   ☐ Montaña   ☐ Pista   ☐ Otros : ....

Desnivel : ....

Meteo

Condiciones meteorológicas :

☐ 1   ☐ 2   ☐ 3   ☐ 4   ☐ 5   .... C°

Mis objetivos

Mi motivación : ☺ ☺ ☺ ☺ ☺

Distancia : .... KM

Lugar : ....

Calorías a quemar : ....

Velocidad mín : ....

Velocidad máx : ....

Velocidad media : ....

Balance de situación

Hora de inicio :   h   Hora de final :   h

Distancia recorrida : .... KM

Calorías quemadas : ....

Frecuencia cardíaca : ....
(Justo después del esfuerzo)

Altitud máx : ....

Velocidad mín : ....

Velocidad máx : ....

Velocidad media : ....

Objetivos alcanzados : ☐ Sí   ☐ No

Notas :

....

....

....

....

....

....

....

Recorrido n°

| Fecha : / / | Tipo de bicicleta : |
| Hora : h | Equipamiento : |

Carretera

☐ Betún ☐ Todo terreno ☐ Montaña ☐ Pista ☐ Otros :

Desnivel :

Meteo

Condiciones meteorológicas :

☐ 1 ☐ 2 ☐ 3 ☐ 4 ☐ 5

C°

Mis objetivos

Mi motivación : ☺ ☺ ☺ ☺ ☺

Distancia : KM

Lugar :

Calorías a quemar :

Velocidad mín :

Velocidad máx :

Velocidad media :

Balance de situación

Hora de inicio : h   Hora de final : h

Distancia recorrida : KM

Calorías quemadas :

Frecuencia cardíaca :
(Justo después del esfuerzo)

Altitud máx :

Velocidad mín :

Velocidad máx :

Velocidad media :

Objetivos alcanzados : ☐ Sí   ☐ No

Notas :

Recorrido n° ....

Fecha :   /   /

Hora :   h

Tipo de bicicleta : ....

Equipamiento : ....

Carretera

☐ Betún   ☐ Todo terreno   ☐ Montaña   ☐ Pista   ☐ Otros : ....

Desnivel : ....

Meteo

Condiciones meteorológicas :

☐ 1   ☐ 2   ☐ 3   ☐ 4   ☐ 5   .... C°

Mis objetivos

Mi motivación : ☺ ☺ ☺ ☺ ☺

Distancia : .... KM

Lugar : ....

Calorías a quemar : ....

Velocidad mín : ....

Velocidad máx : ....

Velocidad media : ....

Balance de situación

Hora de inicio :   h   Hora de final :   h

Distancia recorrida : .... KM

Calorías quemadas : ....

Frecuencia cardíaca : ....
(Justo después del esfuerzo)

Altitud máx : ....

Velocidad mín : ....

Velocidad máx : ....

Velocidad media : ....

Objetivos alcanzados : ☐ Sí   ☐ No

Notas :

....
....
....
....
....
....

Recorrido n° _____

Fecha : / / **Hora :** h	**Tipo de bicicleta :** _____ **Equipamiento :** _____

Carretera

☐ Betún   ☐ Todo terreno   ☐ Montaña   ☐ Pista   ☐ Otros : _____

Desnivel : _____

Meteo

Condiciones meteorológicas :

☐ 1   ☐ 2   ☐ 3   ☐ 4   ☐ 5   _____ C°

Mis objetivos

Mi motivación : ☺ ☺ ☺ ☺ ☺

Distancia : _____ KM

Lugar : _____

Calorías a quemar : _____

Velocidad mín : _____

Velocidad máx : _____

Velocidad media : _____

Balance de situación

Hora de inicio :   h   Hora de final :   h

Distancia recorrida : _____ KM

Calorías quemadas : _____

Frecuencia cardíaca : _____

(Justo después del esfuerzo)

Altitud máx : _____

Velocidad mín : _____

Velocidad máx : _____

Velocidad media : _____

Objetivos alcanzados : ☐ Sí   ☐ No

Notas :

_____
_____
_____
_____
_____
_____
_____

Recorrido n° ....

Fecha :   /   /

Hora :   h

Tipo de bicicleta : ....

Equipamiento : ....

Carretera

☐ Betún   ☐ Todo terreno   ☐ Montaña   ☐ Pista   ☐ Otros : ....

Desnivel : ....

Meteo

Condiciones meteorológicas :

☐ 1   ☐ 2   ☐ 3   ☐ 4   ☐ 5   .... C°

Mis objetivos

Mi motivación : ☺ ☺ ☺ ☺ ☺

Distancia : .... KM

Lugar : ....

Calorías a quemar : ....

Velocidad mín : ....

Velocidad máx : ....

Velocidad media : ....

Balance de situación

Hora de inicio :   h   Hora de final :   h

Distancia recorrida : .... KM

Calorías quemadas : ....

Frecuencia cardíaca : ....
(Justo después del esfuerzo)

Altitud máx : ....

Velocidad mín : ....

Velocidad máx : ....

Velocidad media : ....

Objetivos alcanzados : ☐ Si   ☐ No

Notas :

....

....

....

....

....

....

....

Recorrido n° ....

Fecha : / / Hora : h	Tipo de bicicleta : .... Equipamiento : ....

Carretera

☐ Betún   ☐ Todo terreno   ☐ Montaña   ☐ Pista   ☐ Otros : ....

Desnivel : ....

Meteo

Condiciones meteorológicas :

☐ 1   ☐ 2   ☐ 3   ☐ 4   ☐ 5   .... C°

Mis objetivos

Mi motivación : ☺ ☺ ☺ ☺ ☺

Distancia : .... KM

Lugar : ....

Calorías a quemar : ....

Velocidad mín : ....

Velocidad máx : ....

Velocidad media : ....

Balance de situación

Hora de inicio :   h   Hora de final :   h

Distancia recorrida : .... KM

Calorías quemadas : ....

Frecuencia cardíaca : ....
(Justo después del esfuerzo)

Altitud máx : ....

Velocidad mín : ....

Velocidad máx : ....

Velocidad media : ....

Objetivos alcanzados : ☐ Sí   ☐ No

Notas :

....
....
....
....
....
....
....

Recorrido n° ....

Fecha : / /	Tipo de bicicleta : ....
Hora : h	Equipamiento : ....

Carretera

☐ Betún   ☐ Todo terreno   ☐ Montaña   ☐ Pista   ☐ Otros : ....

Desnivel : ....

Meteo

Condiciones meteorológicas :

〰️   ☐ 1   ☐ 2   ☐ 3   ☐ 4   ☐ 5   🌡️ .... C°

Mis objetivos

Mi motivación :   ☺ ☺ ☺ ☺ ☺

Distancia : .... KM

Lugar : ....

Calorías a quemar : ....

Velocidad mín : ....

Velocidad máx : ....

Velocidad media : ....

Balance de situación

Hora de inicio :   h   Hora de final :   h

Distancia recorrida : .... KM

Calorías quemadas : ....

Frecuencia cardíaca : ....
(Justo después del esfuerzo)

Altitud máx : ....

Velocidad mín : ....

Velocidad máx : ....

Velocidad media : ....

Objetivos alcanzados : ☐ Sí   ☐ No

Notas : ....

....

....

....

....

....

....

Recorrido n° _____

Fecha : _____ / _____ / _____

Hora : _____ h

Tipo de bicicleta : _____

Equipamiento : _____

Carretera

☐ Betún ☐ Todo terreno ☐ Montaña ☐ Pista ☐ Otros : _____

Desnivel : _____

Meteo

Condiciones meteorológicas :

☐ 1 ☐ 2 ☐ 3 ☐ 4 ☐ 5   _____ C°

Mis objetivos

Mi motivación : ☺ ☺ ☺ ☺ ☺

Distancia : _____ KM

Lugar : _____

Calorías a quemar : _____

Velocidad mín : _____

Velocidad máx : _____

Velocidad media : _____

Balance de situación

Hora de inicio : _____ h   Hora de final : _____ h

Distancia recorrida : _____ KM

Calorías quemadas : _____

Frecuencia cardíaca : _____
(Justo después del esfuerzo)

Altitud máx : _____

Velocidad mín : _____

Velocidad máx : _____

Velocidad media : _____

Objetivos alcanzados : ☐ Sí   ☐ No

Notas :

_____
_____
_____
_____
_____
_____

Recorrido n° ....

Fecha : / / **Hora :** h	Tipo de bicicleta : .... Equipamiento : ....

Carretera

☐ Betún ☐ Todo terreno ☐ Montaña ☐ Pista ☐ Otros : ....

Desnivel : ....

Meteo

Condiciones meteorológicas :

〰️ ☐ 1 ☐ 2 ☐ 3 ☐ 4 ☐ 5   🌡️ .... C°

Mis objetivos

Mi motivación : ☺ ☺ ☺ ☺ ☺   Velocidad mín : ....

Distancia : .... KM

Lugar : ....   Velocidad máx : ....

Calorías a quemar : ....   Velocidad media : ....

Balance de situación

Hora de inicio : h   Hora de final : h   Altitud máx : ....

Velocidad mín : ....

Distancia recorrida : .... KM   Velocidad máx : ....

Calorías quemadas : ....   Velocidad media : ....

Frecuencia cardíaca : ....   Objetivos alcanzados : ☐ Sí   ☐ No
(Justo después del esfuerzo)

Notas : ....

....
....
....
....
....
....

Recorrido n° ....

Fecha : / / Hora : h	Tipo de bicicleta : .... Equipamiento : ....

Carretera

☐ Betún   ☐ Todo terreno   ☐ Montaña   ☐ Pista   ☐ Otros : ....

Desnivel : ....

Meteo

Condiciones meteorológicas :

☐ 1   ☐ 2   ☐ 3   ☐ 4   ☐ 5   .... C°

Mis objetivos

Mi motivación : ☺ ☺ ☺ ☺ ☺

Distancia : .... KM

Lugar : ....

Calorías a quemar : ....

Velocidad mín : ....

Velocidad máx : ....

Velocidad media : ....

Balance de situación

Hora de inicio :   h   Hora de final :   h

Distancia recorrida : .... KM

Calorías quemadas : ....

Frecuencia cardíaca : ....
(Justo después del esfuerzo)

Altitud máx : ....

Velocidad mín : ....

Velocidad máx : ....

Velocidad media : ....

Objetivos alcanzados : ☐ Sí   ☐ No

Notas :

....
....
....
....
....
....
....

Recorrido n° ....

Fecha :   /   /

Hora :   h

Tipo de bicicleta : ....

Equipamiento : ....

Carretera

☐ Betún   ☐ Todo terreno   ☐ Montaña   ☐ Pista   ☐ Otros : ....

Desnivel : ....

Meteo

Condiciones meteorológicas :

☐ 1   ☐ 2   ☐ 3   ☐ 4   ☐ 5   .... C°

Mis objetivos

Mi motivación : ☺ ☺ ☺ ☺ ☺

Distancia : .... KM

Lugar : ....

Calorías a quemar : ....

Velocidad mín : ....

Velocidad máx : ....

Velocidad media : ....

Balance de situación

Hora de inicio :   h   Hora de final :   h

Distancia recorrida : .... KM

Calorías quemadas : ....

Frecuencia cardíaca : ....
(Justo después del esfuerzo)

Altitud máx : ....

Velocidad mín : ....

Velocidad máx : ....

Velocidad media : ....

Objetivos alcanzados : ☐ Sí   ☐ No

Notas :

....
....
....
....
....
....
....

Recorrido n° ....

Fecha : / /

Hora : h

Tipo de bicicleta : ....

Equipamiento : ....
....

Carretera

☐ Betún ☐ Todo terreno ☐ Montaña ☐ Pista ☐ Otros : ....

Desnivel : ....

Meteo

Condiciones meteorológicas :

☐ 1 ☐ 2 ☐ 3 ☐ 4 ☐ 5 .... C°

Mis objetivos

Mi motivación : ☺ ☺ ☺ ☺ ☺

Distancia : .... KM

Lugar : ....

Calorías a quemar : ....

Velocidad mín : ....

Velocidad máx : ....

Velocidad media : ....

Balance de situación

Hora de inicio : h   Hora de final : h

Distancia recorrida : .... KM

Calorías quemadas : ....

Frecuencia cardíaca : ....
(Justo después del esfuerzo)

Altitud máx : ....

Velocidad mín : ....

Velocidad máx : ....

Velocidad media : ....

Objetivos alcanzados : ☐ Sí   ☐ No

Notas : ....
....
....
....
....
....
....
....

Recorrido n° ....

Fecha : / /	Tipo de bicicleta : ....
Hora : h	Equipamiento : ....

Carretera

☐ Betún   ☐ Todo terreno   ☐ Montaña   ☐ Pista   ☐ Otros : ....

Desnivel : ....

Meteo

Condiciones meteorológicas :

〜 ☐ 1   ☐ 2   ☐ 3   ☐ 4   ☐ 5   .... C°

Mis objetivos

Mi motivación : ☺ ☺ ☺ ☺ ☺   Velocidad mín : ....

Distancia : .... KM

Lugar : ....   Velocidad máx : ....

Calorías a quemar : ....   Velocidad media : ....

Balance de situación

Hora de inicio :   h   Hora de final :   h   Altitud máx : ....

Velocidad mín : ....

Distancia recorrida : .... KM   Velocidad máx : ....

Calorías quemadas : ....   Velocidad media : ....

Frecuencia cardíaca : ....   Objetivos alcanzados : ☐ Sí   ☐ No
(Justo después del esfuerzo)

Notas : ....

....
....
....
....
....
....

Recorrido n° ....

| Fecha :   /   /
 Hora :   h | Tipo de bicicleta : ....
 Equipamiento : .... |

Carretera

☐ Betún   ☐ Todo terreno   ☐ Montaña   ☐ Pista   ☐ Otros : ....

Desnivel : ....

Meteo

Condiciones meteorológicas :

☐ 1   ☐ 2   ☐ 3   ☐ 4   ☐ 5   .... C°

Mis objetivos

Mi motivación : ☺ ☺ ☺ ☺ ☺

Distancia : .... KM

Lugar : ....

Calorías a quemar : ....

Velocidad mín : ....

Velocidad máx : ....

Velocidad media : ....

Balance de situación

Hora de inicio :   h   Hora de final :   h

Distancia recorrida : .... KM

Calorías quemadas : ....

Frecuencia cardíaca : ....
(Justo después del esfuerzo)

Altitud máx : ....

Velocidad mín : ....

Velocidad máx : ....

Velocidad media : ....

Objetivos alcanzados : ☐ Sí   ☐ No

Notas :

....
....
....
....
....
....
....

Recorrido n° ....

Fecha :   /   /

Hora :   h

Tipo de bicicleta : ....

Equipamiento : ....

Carretera

☐ Betún ☐ Todo terreno ☐ Montaña ☐ Pista ☐ Otros : ....

Desnivel : ....

Meteo

Condiciones meteorológicas :

☐ 1 ☐ 2 ☐ 3 ☐ 4 ☐ 5   .... C°

Mis objetivos

Mi motivación : ☺ ☺ ☺ ☺ ☺

Distancia : .... KM

Lugar : ....

Calorías a quemar : ....

Velocidad mín : ....

Velocidad máx : ....

Velocidad media : ....

Balance de situación

Hora de inicio :   h   Hora de final :   h

Distancia recorrida : .... KM

Calorías quemadas : ....

Frecuencia cardíaca : ....
(Justo después del esfuerzo)

Altitud máx : ....

Velocidad mín : ....

Velocidad máx : ....

Velocidad media : ....

Objetivos alcanzados : ☐ Sí   ☐ No

Notas : ....

....
....
....
....
....
....
....

Recorrido n° ....

Fecha : / /
Hora : h

Tipo de bicicleta : ....
Equipamiento : ....

Carretera

☐ Betún ☐ Todo terreno ☐ Montaña ☐ Pista ☐ Otros : ....
Desnivel : ....

Meteo

Condiciones
meteorológicas :

☐ 1 ☐ 2 ☐ 3 ☐ 4 ☐ 5

.... C°

Mis objetivos

Mi motivación : ☺ ☺ ☺ ☺ ☺
Distancia : .... KM
Lugar : ....
Calorías a quemar : ....

Velocidad mín : ....

Velocidad máx : ....

Velocidad media : ....

Balance de situación

Hora de inicio : h   Hora de final : h

Distancia recorrida : .... KM

Calorías quemadas : ....

Frecuencia cardíaca : ....
(Justo despúes del esfuerzo)

Altitud máx : ....

Velocidad mín : ....

Velocidad máx : ....

Velocidad media : ....

Objetivos alcanzados : ☐ Sí   ☐ No

Notas :

....
....
....
....
....
....

Recorrido n° ....

| Fecha : / / | Tipo de bicicleta : .... |
| Hora : h | Equipamiento : .... |

Carretera

☐ Betún ☐ Todo terreno ☐ Montaña ☐ Pista ☐ Otros : ....

Desnivel : ....

Meteo

Condiciones
meteorológicas :

☐ 1 ☐ 2 ☐ 3 ☐ 4 ☐ 5   .... C°

Mis objetivos

Mi motivación : ☺ ☺ ☺ ☺ ☺   Velocidad mín : ....

Distancia : .... KM

Lugar : ....   Velocidad máx : ....

Calorías a quemar : ....   Velocidad media : ....

Balance de situación

Hora de inicio : h   Hora de final : h   Altitud máx : ....

Velocidad mín : ....

Distancia recorrida : .... KM

Velocidad máx : ....

Calorías quemadas : ....   Velocidad media : ....

Frecuencia cardíaca : ....   Objetivos alcanzados : ☐ Sí   ☐ No
(Justo después del esfuerzo)

Notas : ....

....
....
....
....
....
....

Recorrido n° ....

Fecha : / /
Hora : h

Tipo de bicicleta : ....
....
Equipamiento : ....
....

Carretera

☐ Betún ☐ Todo terreno ☐ Montaña ☐ Pista ☐ Otros : ....

Desnivel : ....

Meteo

Condiciones
meteorológicas :

☐ 1 ☐ 2 ☐ 3 ☐ 4 ☐ 5 ....C°

Mis objetivos

Mi motivación : ☺ ☺ ☺ ☺ ☺
Distancia : .... KM
Lugar : ....
Calorías a quemar : ....

Velocidad mín : ....
Velocidad máx : ....
Velocidad media : ....

Balance de situación

Hora de inicio : h   Hora de final : h

Distancia recorrida : .... KM

Calorías quemadas : ....

Frecuencia cardíaca : ....
(Justo después del esfuerzo)

Altitud máx : ....
Velocidad mín : ....
Velocidad máx : ....
Velocidad media : ....
Objetivos alcanzados : ☐ Sí ☐ No

Notas : ....
....
....
....
....
....
....
....

Recorrido n° ....

Fecha : / /

Hora : h

Tipo de bicicleta : ....
....

Equipamiento : ....
....

Carretera

☐ Betún   ☐ Todo terreno   ☐ Montaña   ☐ Pista   ☐ Otros : ....

Desnivel : ....

Meteo

Condiciones meteorológicas :

☐ 1   ☐ 2   ☐ 3   ☐ 4   ☐ 5   ....C°

Mis objetivos

Mi motivación : ☺ ☺ ☺ ☺ ☺

Distancia : .... KM

Lugar : ....

Calorías a quemar : ....

Velocidad mín : ....

Velocidad máx : ....

Velocidad media : ....

Balance de situación

Hora de inicio :   h   Hora de final :   h

Distancia recorrida : .... KM

Calorías quemadas : ....

Frecuencia cardíaca : ....
(Justo después del esfuerzo)

Altitud máx : ....

Velocidad mín : ....

Velocidad máx : ....

Velocidad media : ....

Objetivos alcanzados : ☐ Sí   ☐ No

Notas :

....
....
....
....
....
....
....

Recorrido n° ....

Fecha : / / Hora : h	Tipo de bicicleta : .... Equipamiento : ....

Carretera

☐ Betún   ☐ Todo terreno   ☐ Montaña   ☐ Pista   ☐ Otros : ....

Desnivel : ....

Meteo

Condiciones meteorológicas :

☐ 1   ☐ 2   ☐ 3   ☐ 4   ☐ 5   .... C°

Mis objetivos

Mi motivación : ☺ ☺ ☺ ☺ ☺

Distancia : .... KM

Lugar : ....

Calorías a quemar : ....

Velocidad mín : ....

Velocidad máx : ....

Velocidad media : ....

Balance de situación

Hora de inicio :   h   Hora de final :   h

Distancia recorrida : .... KM

Calorías quemadas : ....

Frecuencia cardíaca : ....
(Justo después del esfuerzo)

Altitud máx : ....

Velocidad mín : ....

Velocidad máx : ....

Velocidad media : ....

Objetivos alcanzados : ☐ Sí   ☐ No

Notas :

....
....
....
....
....
....
....

Recorrido n° ....

Fecha : / /

Hora : h

Tipo de bicicleta : ....
....

Equipamiento : ....
....
....

Carretera

☐ Betún ☐ Todo terreno ☐ Montaña ☐ Pista ☐ Otros : ....

Desnivel : ....

Meteo

Condiciones meteorológicas :

☐ 1 ☐ 2 ☐ 3 ☐ 4 ☐ 5   .... C°

Mis objetivos

Mi motivación : ☺ ☺ ☺ ☺ ☺

Distancia : .... KM

Lugar : ....

Calorías a quemar : ....

Velocidad mín : ....

Velocidad máx : ....

Velocidad media : ....

Balance de situación

Hora de inicio : h   Hora de final : h

Distancia recorrida : .... KM

Calorías quemadas : ....

Frecuencia cardíaca : ....
(Justo después del esfuerzo)

Altitud máx : ....

Velocidad mín : ....

Velocidad máx : ....

Velocidad media : ....

Objetivos alcanzados : ☐ Sí   ☐ No

Notas :
....
....
....
....
....
....
....

Recorrido n° ....

Fecha : / / **Hora :** h	**Tipo de bicicleta :** .... **Equipamiento :** ....

Carretera

☐ Betún ☐ Todo terreno ☐ Montaña ☐ Pista ☐ Otros : ....

Desnivel : ....

Meteo

Condiciones
meteorológicas :

☐ 1 ☐ 2 ☐ 3 ☐ 4 ☐ 5   .... C°

Mis objetivos

Mi motivación : ☺ ☺ ☺ ☺ ☺   Velocidad mín : ....

Distancia : .... KM

Lugar : ....   Velocidad máx : ....

Calorías a quemar : ....   Velocidad media : ....

Balance de situación

Hora de inicio : h   Hora de final : h   Altitud máx : ....

                                                        Velocidad mín : ....
Distancia recorrida : .... KM
                                                        Velocidad máx : ....
Calorías quemadas : ....
                                                        Velocidad media : ....
Frecuencia cardíaca : ....   Objetivos alcanzados : ☐ Sí   ☐ No
(Justo después del esfuerzo)

Notas : ....

....
....
....
....
....
....

Recorrido n° ....

Fecha :   /   /

Hora :   h

Tipo de bicicleta : ....

Equipamiento : ....

Carretera

☐ Betún   ☐ Todo terreno   ☐ Montaña   ☐ Pista   ☐ Otros : ....

Desnivel : ....

Meteo

Condiciones meteorológicas :

☐ 1   ☐ 2   ☐ 3   ☐ 4   ☐ 5   .... C°

Mis objetivos

Mi motivación : ☺ ☺ ☺ ☺ ☺

Distancia : .... KM

Lugar : ....

Calorías a quemar : ....

Velocidad mín : ....

Velocidad máx : ....

Velocidad media : ....

Balance de situación

Hora de inicio :   h   Hora de final :   h

Distancia recorrida : .... KM

Calorías quemadas : ....

Frecuencia cardíaca : ....
(Justo después del esfuerzo)

Altitud máx : ....

Velocidad mín : ....

Velocidad máx : ....

Velocidad media : ....

Objetivos alcanzados : ☐ Sí   ☐ No

Notas :

....
....
....
....
....
....
....

Recorrido n° ....

Fecha : / /	Tipo de bicicleta : ....
Hora : h	Equipamiento : ....

Carretera

☐ Betún   ☐ Todo terreno   ☐ Montaña   ☐ Pista   ☐ Otros : ....

Desnivel : ....

Meteo

Condiciones
meteorológicas :

☐ 1   ☐ 2   ☐ 3   ☐ 4   ☐ 5   .... C°

Mis objetivos

Mi motivación : ☺ ☺ ☺ ☺ ☺   Velocidad mín : ....

Distancia : .... KM

Lugar : ....   Velocidad máx : ....

Calorías a quemar : ....   Velocidad media : ....

Balance de situación

Hora de inicio :   h   Hora de final :   h   Altitud máx : ....

Distancia recorrida : .... KM   Velocidad mín : ....

Velocidad máx : ....

Calorías quemadas : ....   Velocidad media : ....

Frecuencia cardíaca : ....   Objetivos alcanzados : ☐ Sí   ☐ No
(Justo después del esfuerzo)

Notas : ....

....
....
....
....
....
....

Recorrido n° ....

Fecha :   /   /

Hora :   h

Tipo de bicicleta : ....
....

Equipamiento : ....
....

Carretera

☐ Betún   ☐ Todo terreno   ☐ Montaña   ☐ Pista   ☐ Otros : ....

Desnivel : ....

Meteo

Condiciones
meteorológicas :

☐ 1   ☐ 2   ☐ 3   ☐ 4   ☐ 5   .... C°

Mis objetivos

Mi motivación : ☺ ☺ ☺ ☺ ☺

Distancia : .... KM

Lugar : ....

Calorías a quemar : ....

Velocidad mín : ....

Velocidad máx : ....

Velocidad media : ....

Balance de situación

Hora de inicio :   h   Hora de final :   h

Distancia recorrida : .... KM

Calorías quemadas : ....

Frecuencia cardíaca : ....
(Justo después del esfuerzo)

Altitud máx : ....

Velocidad mín : ....

Velocidad máx : ....

Velocidad media : ....

Objetivos alcanzados : ☐ Sí   ☐ No

Notas : ....
....
....
....
....
....
....
....

Recorrido n° ....

Fecha : / /

Hora : h

Tipo de bicicleta : ....

Equipamiento : ....

Carretera

☐ Betún ☐ Todo terreno ☐ Montaña ☐ Pista ☐ Otros : ....

Desnivel : ....

Meteo

Condiciones meteorológicas :

☐ 1 ☐ 2 ☐ 3 ☐ 4 ☐ 5   .... C°

Mis objetivos

Mi motivación : ☺ ☺ ☺ ☺ ☺

Distancia : .... KM

Lugar : ....

Calorías a quemar : ....

Velocidad mín : ....

Velocidad máx : ....

Velocidad media : ....

Balance de situación

Hora de inicio : h   Hora de final : h

Distancia recorrida : .... KM

Calorías quemadas : ....

Frecuencia cardíaca : ....
(Justo después del esfuerzo)

Altitud máx : ....

Velocidad mín : ....

Velocidad máx : ....

Velocidad media : ....

Objetivos alcanzados : ☐ Sí   ☐ No

Notas : ....
....
....
....
....
....

Recorrido n° ....

Fecha : / / Hora : h	Tipo de bicicleta : .... Equipamiento : ....

Carretera

☐ Betún ☐ Todo terreno ☐ Montaña ☐ Pista ☐ Otros : ....

Desnivel : ....

Meteo

Condiciones meteorológicas :

☐ 1 ☐ 2 ☐ 3 ☐ 4 ☐ 5   .... C°

Mis objetivos

Mi motivación : ☺ ☺ ☺ ☺ ☺

Distancia : .... KM

Lugar : ....

Calorías a quemar : ....

Velocidad mín : ....

Velocidad máx : ....

Velocidad media : ....

Balance de situación

Hora de inicio :   h   Hora de final :   h

Distancia recorrida : .... KM

Calorías quemadas : ....

Frecuencia cardíaca : ....
(Justo después del esfuerzo)

Altitud máx : ....

Velocidad mín : ....

Velocidad máx : ....

Velocidad media : ....

Objetivos alcanzados : ☐ Sí   ☐ No

Notas :

....
....
....
....
....
....
....

Recorrido n° ....

Fecha : / /	Tipo de bicicleta : ....
Hora : h	Equipamiento : ....

Carretera

☐ Betún ☐ Todo terreno ☐ Montaña ☐ Pista ☐ Otros : ....

Desnivel : ....

Meteo

Condiciones
meteorológicas :

☐ 1   ☐ 2   ☐ 3   ☐ 4   ☐ 5   .... C°

Mis objetivos

Mi motivación : ☺ ☺ ☺ ☺ ☺   Velocidad mín : ....

Distancia : .... KM

Lugar : ....   Velocidad máx : ....

Calorías a quemar : ....   Velocidad media : ....

Balance de situación

Hora de inicio :   h   Hora de final :   h   Altitud máx : ....

Distancia recorrida : .... KM   Velocidad mín : ....

     Velocidad máx : ....

Calorías quemadas : ....   Velocidad media : ....

Frecuencia cardíaca : ....   Objetivos alcanzados : ☐ Sí   ☐ No

(Justo después del esfuerzo)

Notas : ....

....

....

....

....

....

....

....

Recorrido n° ....

Fecha : / / **Hora :** h	Tipo de bicicleta : .... Equipamiento : ....

Carretera

☐ Betún ☐ Todo terreno ☐ Montaña ☐ Pista ☐ Otros : ....

Desnivel : ....

Meteo

Condiciones meteorológicas :

☐ 1 ☐ 2 ☐ 3 ☐ 4 ☐ 5   .... C°

Mis objetivos

Mi motivación : ☺ ☺ ☺ ☺ ☺

Distancia : .... KM

Lugar : ....

Calorías a quemar : ....

Velocidad mín : ....

Velocidad máx : ....

Velocidad media : ....

Balance de situación

Hora de inicio : h   Hora de final : h

Distancia recorrida : .... KM

Calorías quemadas : ....

Frecuencia cardíaca : ....
(Justo después del esfuerzo)

Altitud máx : ....

Velocidad mín : ....

Velocidad máx : ....

Velocidad media : ....

Objetivos alcanzados : ☐ Sí   ☐ No

Notas :

....
....
....
....
....
....
....

Recorrido n° ....

Fecha : / / **Hora :** h	**Tipo de bicicleta :** .... **Equipamiento :** ....

Carretera

☐ Betún ☐ Todo terreno ☐ Montaña ☐ Pista ☐ Otros : ....

Desnivel : ....

Meteo

Condiciones meteorológicas :

☐ 1 ☐ 2 ☐ 3 ☐ 4 ☐ 5   .... C°

Mis objetivos

Mi motivación : ☺ ☺ ☺ ☺ ☺

Distancia : .... KM

Lugar : ....

Calorías a quemar : ....

Velocidad mín : ....

Velocidad máx : ....

Velocidad media : ....

Balance de situación

Hora de inicio : h   Hora de final : h

Distancia recorrida : .... KM

Calorías quemadas : ....

Frecuencia cardíaca : ....
(Justo después del esfuerzo)

Altitud máx : ....

Velocidad mín : ....

Velocidad máx : ....

Velocidad media : ....

Objetivos alcanzados : ☐ Sí   ☐ No

Notas :

....

....

....

....

....

....

....

Recorrido n° ....

Fecha :   /   /

Hora :   h

Tipo de bicicleta : ....
....

Equipamiento : ....
....

Carretera

☐ Betún   ☐ Todo terreno   ☐ Montaña   ☐ Pista   ☐ Otros : ....

Desnivel : ....

Meteo

Condiciones meteorológicas :

☐ 1   ☐ 2   ☐ 3   ☐ 4   ☐ 5   .... C°

Mis objetivos

Mi motivación : ☺ ☺ ☺ ☺ ☺

Distancia : .... KM

Lugar : ....

Calorías a quemar : ....

Velocidad mín : ....

Velocidad máx : ....

Velocidad media : ....

Balance de situación

Hora de inicio :   h   Hora de final :   h

Distancia recorrida : .... KM

Calorías quemadas : ....

Frecuencia cardíaca : ....
(Justo después del esfuerzo)

Altitud máx : ....

Velocidad mín : ....

Velocidad máx : ....

Velocidad media : ....

Objetivos alcanzados : ☐ Sí   ☐ No

Notas :

....
....
....
....
....
....
....
....

Recorrido n° ....

| Fecha : / /
 Hora : h | Tipo de bicicleta : ....
 Equipamiento : .... |

Carretera

☐ Betún ☐ Todo terreno ☐ Montaña ☐ Pista ☐ Otros : ....

Desnivel : ....

Meteo

Condiciones meteorológicas :

☐ 1 ☐ 2 ☐ 3 ☐ 4 ☐ 5   .... C°

Mis objetivos

Mi motivación : ☺ ☺ ☺ ☺ ☺

Distancia : .... KM

Lugar : ....

Calorías a quemar : ....

Velocidad mín : ....

Velocidad máx : ....

Velocidad media : ....

Balance de situación

Hora de inicio : h   Hora de final : h

Distancia recorrida : .... KM

Calorías quemadas : ....

Frecuencia cardíaca : ....
(Justo después del esfuerzo)

Altitud máx : ....

Velocidad mín : ....

Velocidad máx : ....

Velocidad media : ....

Objetivos alcanzados : ☐ Sí   ☐ No

Notas :

....
....
....
....
....
....

Recorrido n° ....

Fecha : / /	Tipo de bicicleta : ....
Hora : h	Equipamiento : ....

Carretera

☐ Betún   ☐ Todo terreno   ☐ Montaña   ☐ Pista   ☐ Otros : ....

Desnivel : ....

Meteo

Condiciones
meteorológicas :

☐ 1   ☐ 2   ☐ 3   ☐ 4   ☐ 5   .... C°

Mis objetivos

Mi motivación : ☺ ☺ ☺ ☺ ☺

Distancia : .... KM

Lugar : ....

Calorías a quemar : ....

Velocidad mín : ....

Velocidad máx : ....

Velocidad media : ....

Balance de situación

Hora de inicio :   h   Hora de final :   h

Distancia recorrida : .... KM

Calorías quemadas : ....

Frecuencia cardíaca : ....
(Justo después del esfuerzo)

Altitud máx : ....

Velocidad mín : ....

Velocidad máx : ....

Velocidad media : ....

Objetivos alcanzados : ☐ Sí   ☐ No

Notas : ....

....
....
....
....
....
....

Recorrido n°_____

Fecha : / / **Hora :** h	**Tipo de bicicleta :** .... **Equipamiento :** ....

Carretera

☐ Betún ☐ Todo terreno ☐ Montaña ☐ Pista ☐ Otros : ....

Desnivel : ....

Meteo

Condiciones meteorológicas :

☐ 1 ☐ 2 ☐ 3 ☐ 4 ☐ 5

.... C°

Mis objetivos

Mi motivación : ☺ ☺ ☺ ☺ ☺

Distancia : .... KM

Lugar : ....

Calorías a quemar : ....

Velocidad mín : ....

Velocidad máx : ....

Velocidad media : ....

Balance de situación

Hora de inicio : h   Hora de final : h

Distancia recorrida : .... KM

Calorías quemadas : ....

Frecuencia cardíaca : ....
(Justo después del esfuerzo)

Altitud máx : ....

Velocidad mín : ....

Velocidad máx : ....

Velocidad media : ....

Objetivos alcanzados : ☐ Sí   ☐ No

Notas :

....
....
....
....
....
....
....

Recorrido n° ....

Fecha : / /	**Tipo de bicicleta :** ....
Hora : h	**Equipamiento :** ....

Carretera

☐ Betún   ☐ Todo terreno   ☐ Montaña   ☐ Pista   ☐ Otros : ....

Desnivel : ....

Meteo

Condiciones
meteorológicas :

☐ 1   ☐ 2   ☐ 3   ☐ 4   ☐ 5   .... C°

Mis objetivos

Mi motivación : ☺ ☺ ☺ ☺ ☺   Velocidad mín : ....

Distancia : .... KM

Lugar : ....   Velocidad máx : ....

Calorías a quemar : ....   Velocidad media : ....

Balance de situación

Hora de inicio :   h   Hora de final :   h   Altitud máx : ....

                                                                          Velocidad mín : ....

Distancia recorrida : .... KM

                                                                          Velocidad máx : ....

Calorías quemadas : ....   Velocidad media : ....

Frecuencia cardíaca : ....   Objetivos alcanzados : ☐ Sí   ☐ No
(Justo después del esfuerzo)

Notas : ....

....

....

....

....

....

....

Recorrido n° ....

Fecha : / / **Hora :** h	**Tipo de bicicleta :** .... **Equipamiento :** ....

Carretera

☐ Betún ☐ Todo terreno ☐ Montaña ☐ Pista ☐ Otros : ....

Desnivel : ....

Meteo

Condiciones meteorológicas :

☐ 1   ☐ 2   ☐ 3   ☐ 4   ☐ 5   ....C°

Mis objetivos

Mi motivación : ☺ ☺ ☺ ☺ ☺

Distancia : .... KM

Lugar : ....

Calorías a quemar : ....

Velocidad mín : ....

Velocidad máx : ....

Velocidad media : ....

Balance de situación

Hora de inicio : h   Hora de final : h

Distancia recorrida : .... KM

Calorías quemadas : ....

Frecuencia cardíaca : ....
(Justo después del esfuerzo)

Altitud máx : ....

Velocidad mín : ....

Velocidad máx : ....

Velocidad media : ....

Objetivos alcanzados : ☐ Sí   ☐ No

Notas : ....
....
....
....
....
....
....

Recorrido n° ....

Fecha : / /

Hora : h

Tipo de bicicleta : ....

Equipamiento : ....

Carretera

☐ Betún ☐ Todo terreno ☐ Montaña ☐ Pista ☐ Otros : ....

Desnivel : ....

Meteo

Condiciones meteorológicas :

☐ 1 ☐ 2 ☐ 3 ☐ 4 ☐ 5

.... C°

Mis objetivos

Mi motivación : ☺ ☺ ☺ ☺ ☺

Distancia : .... KM

Lugar : ....

Calorías a quemar : ....

Velocidad mín : ....

Velocidad máx : ....

Velocidad media : ....

Balance de situación

Hora de inicio : h   Hora de final : h

Distancia recorrida : .... KM

Calorías quemadas : ....

Frecuencia cardíaca : ....
(Justo después del esfuerzo)

Altitud máx : ....

Velocidad mín : ....

Velocidad máx : ....

Velocidad media : ....

Objetivos alcanzados : ☐ Sí   ☐ No

Notas :

....
....
....
....
....
....
....

Recorrido n° ....

Fecha : / / **Hora :** h	**Tipo de bicicleta :** .... **Equipamiento :** ....

Carretera

☐ Betún ☐ Todo terreno ☐ Montaña ☐ Pista ☐ Otros : ....

Desnivel : ....

Meteo

Condiciones meteorológicas :

☐ 1 ☐ 2 ☐ 3 ☐ 4 ☐ 5   .... C°

Mis objetivos

Mi motivación : ☺ ☺ ☺ ☺ ☺

Distancia : .... KM

Lugar : ....

Calorías a quemar : ....

Velocidad mín : ....

Velocidad máx : ....

Velocidad media : ....

Balance de situación

Hora de inicio :   h   Hora de final :   h

Distancia recorrida : .... KM

Calorías quemadas : ....

Frecuencia cardíaca : ....
(Justo después del esfuerzo)

Altitud máx : ....

Velocidad mín : ....

Velocidad máx : ....

Velocidad media : ....

Objetivos alcanzados : ☐ Sí   ☐ No

Notas : ....
....
....
....
....
....
....

Recorrido n° ....

Fecha : / /	Tipo de bicicleta : ....
Hora : h	Equipamiento : ....

Carretera

☐ Betún ☐ Todo terreno ☐ Montaña ☐ Pista ☐ Otros : ....

Desnivel : ....

Meteo

Condiciones meteorológicas :

☐ 1 ☐ 2 ☐ 3 ☐ 4 ☐ 5   .... C°

Mis objetivos

Mi motivación : ☺ ☺ ☺ ☺ ☺

Distancia : .... KM

Lugar : ....

Calorías a quemar : ....

Velocidad mín : ....

Velocidad máx : ....

Velocidad media : ....

Balance de situación

Hora de inicio :   h   Hora de final :   h

Distancia recorrida : .... KM

Calorías quemadas : ....

Frecuencia cardíaca : ....
(Justo después del esfuerzo)

Altitud máx : ....

Velocidad mín : ....

Velocidad máx : ....

Velocidad media : ....

Objetivos alcanzados : ☐ Sí   ☐ No

Notas :

....
....
....
....
....
....
....

Recorrido n° ....

Fecha : / / **Hora :** h	Tipo de bicicleta : .... Equipamiento : ....

Carretera

☐ Betún   ☐ Todo terreno   ☐ Montaña   ☐ Pista   ☐ Otros : ....

Desnivel : ....

Meteo

Condiciones meteorológicas :

🌬 ☐ 1   ☐ 2   ☐ 3   ☐ 4   ☐ 5   🌡 .... C°

Mis objetivos

Mi motivación : ☺ ☺ ☺ ☺ ☺

Distancia : .... KM

Lugar : ....

Calorías a quemar : ....

Velocidad mín : ....

Velocidad máx : ....

Velocidad media : ....

Balance de situación

Hora de inicio : h   Hora de final : h

Distancia recorrida : .... KM

Calorías quemadas : ....

Frecuencia cardíaca : ....
(Justo después del esfuerzo)

Altitud máx : ....

Velocidad mín : ....

Velocidad máx : ....

Velocidad media : ....

Objetivos alcanzados : ☐ Sí   ☐ No

Notas : ....
....
....
....
....
....
....

Recorrido n° ....

Fecha : / / Hora : h	Tipo de bicicleta : .... Equipamiento : ....

Carretera

☐ Betún   ☐ Todo terreno   ☐ Montaña   ☐ Pista   ☐ Otros : ....

Desnivel : ....

Meteo

Condiciones meteorológicas :

☐ 1   ☐ 2   ☐ 3   ☐ 4   ☐ 5   .... C°

Mis objetivos

Mi motivación : ☺ ☺ ☺ ☺ ☺

Distancia : .... KM

Lugar : ....

Calorías a quemar : ....

Velocidad mín : ....

Velocidad máx : ....

Velocidad media : ....

Balance de situación

Hora de inicio :   h   Hora de final :   h

Distancia recorrida : .... KM

Calorías quemadas : ....

Frecuencia cardíaca : ....
(Justo después del esfuerzo)

Altitud máx : ....

Velocidad mín : ....

Velocidad máx : ....

Velocidad media : ....

Objetivos alcanzados : ☐ Sí   ☐ No

Notas : ....

....

....

....

....

....

....

Recorrido n° ....

Fecha : / / Hora : h	Tipo de bicicleta : .... Equipamiento : ....

Carretera

☐ Betún   ☐ Todo terreno   ☐ Montaña   ☐ Pista   ☐ Otros : ....

Desnivel : ....

Meteo

Condiciones meteorológicas :

☰ ☐1 ☐2 ☐3 ☐4 ☐5   🌡 .... C°

Mis objetivos

Mi motivación : ☺ ☺ ☺ ☺ ☺   Velocidad mín : ....

Distancia : .... KM

Lugar : ....   Velocidad máx : ....

Calorías a quemar : ....   Velocidad media : ....

Balance de situación

Hora de inicio :   h   Hora de final :   h   Altitud máx : ....

Distancia recorrida : .... KM   Velocidad mín : ....

Velocidad máx : ....

Calorías quemadas : ....   Velocidad media : ....

Frecuencia cardíaca : ....   Objetivos alcanzados : ☐ Sí   ☐ No
(Justo después del esfuerzo)

Notas : ....
....
....
....
....
....
....

Recorrido n° ....

Fecha : / /	Tipo de bicicleta : ....
Hora : h	Equipamiento : ....

Carretera

☐ Betún   ☐ Todo terreno   ☐ Montaña   ☐ Pista   ☐ Otros : ....

Desnivel : ....

Meteo

Condiciones
meteorológicas :

☐ 1   ☐ 2   ☐ 3   ☐ 4   ☐ 5   .... C°

Mis objetivos

Mi motivación : ☺ ☺ ☺ ☺ ☺

Distancia : .... KM

Lugar : ....

Calorías a quemar : ....

Velocidad mín : ....

Velocidad máx : ....

Velocidad media : ....

Balance de situación

Hora de inicio :   h   Hora de final :   h

Distancia recorrida : .... KM

Calorías quemadas : ....

Frecuencia cardíaca : ....
(Justo después del esfuerzo)

Altitud máx : ....

Velocidad mín : ....

Velocidad máx : ....

Velocidad media : ....

Objetivos alcanzados : ☐ Sí   ☐ No

Notas : ....
....
....
....
....
....
....
....

Recorrido n° ....

Fecha : / / **Hora :** h	**Tipo de bicicleta :** .... **Equipamiento :** ....

Carretera

☐ Betún ☐ Todo terreno ☐ Montaña ☐ Pista ☐ Otros : ....

Desnivel : ....

Meteo

Condiciones meteorológicas :

☐ 1 ☐ 2 ☐ 3 ☐ 4 ☐ 5   .... C°

Mis objetivos

Mi motivación : ☺ ☺ ☺ ☺ ☺

Distancia : .... KM

Lugar : ....

Calorías a quemar : ....

Velocidad mín : ....

Velocidad máx : ....

Velocidad media : ....

Balance de situación

Hora de inicio : h   Hora de final : h

Distancia recorrida : .... KM

Calorías quemadas : ....

Frecuencia cardíaca : ....
(Justo después del esfuerzo)

Altitud máx : ....

Velocidad mín : ....

Velocidad máx : ....

Velocidad media : ....

Objetivos alcanzados : ☐ Sí   ☐ No

Notas : ....
....
....
....
....
....
....
....

Recorrido n° ....

Fecha : / / **Hora :** h	Tipo de bicicleta : .... Equipamiento : ....

Carretera

☐ Betún ☐ Todo terreno ☐ Montaña ☐ Pista ☐ Otros : ....

Desnivel : ....

Meteo

Condiciones
meteorológicas :

🌞 ⛅ ☁️ 🌧️ 🌧️ ❄️❄️

💨 ☐ 1 ☐ 2 ☐ 3 ☐ 4 ☐ 5   🌡️ .... C°

Mis objetivos

Mi motivación : ☺ ☺ ☺ ☺ ☺

Distancia : .... KM

Lugar : ....

Calorías a quemar : ....

Velocidad mín : ....

Velocidad máx : ....

Velocidad media : ....

Balance de situación

Hora de inicio : h   Hora de final : h

Distancia recorrida : .... KM

Calorías quemadas : ....

Frecuencia cardíaca : ....
(Justo después del esfuerzo)

Altitud máx : ....

Velocidad mín : ....

Velocidad máx : ....

Velocidad media : ....

Objetivos alcanzados : ☐ Sí   ☐ No

Notas :

....
....
....
....
....
....

Recorrido n° ....

Fecha : / / Hora : h	Tipo de bicicleta : .... Equipamiento : ....

Carretera

☐ Betún   ☐ Todo terreno   ☐ Montaña   ☐ Pista   ☐ Otros : ....

Desnivel : ....

Meteo

Condiciones meteorológicas :

☐ 1   ☐ 2   ☐ 3   ☐ 4   ☐ 5   .... C°

Mis objetivos

Mi motivación : ☺ ☺ ☺ ☺ ☺

Distancia : .... KM

Lugar : ....

Calorías a quemar : ....

Velocidad mín : ....

Velocidad máx : ....

Velocidad media : ....

Balance de situación

Hora de inicio :   h   Hora de final :   h

Distancia recorrida : .... KM

Calorías quemadas : ....

Frecuencia cardíaca : ....
(Justo después del esfuerzo)

Altitud máx : ....

Velocidad mín : ....

Velocidad máx : ....

Velocidad media : ....

Objetivos alcanzados : ☐ Sí   ☐ No

Notas :

....
....
....
....
....
....
....

Recorrido n° ....

Fecha : / /	Tipo de bicicleta : ....
Hora : h	Equipamiento : ....

Carretera

☐ Betún ☐ Todo terreno ☐ Montaña ☐ Pista ☐ Otros : ....

Desnivel : ....

Meteo

Condiciones meteorológicas :

☐ 1 ☐ 2 ☐ 3 ☐ 4 ☐ 5   .... C°

Mis objetivos

Mi motivación : ☺ ☺ ☺ ☺ ☺

Distancia : .... KM

Lugar : ....

Calorías a quemar : ....

Velocidad mín : ....

Velocidad máx : ....

Velocidad media : ....

Balance de situación

Hora de inicio : h   Hora de final : h

Distancia recorrida : .... KM

Calorías quemadas : ....

Frecuencia cardíaca : ....
(Justo después del esfuerzo)

Altitud máx : ....

Velocidad mín : ....

Velocidad máx : ....

Velocidad media : ....

Objetivos alcanzados : ☐ Sí   ☐ No

Notas :

....
....
....
....
....
....
....

Recorrido n° ....

Fecha : / / **Hora :** h	Tipo de bicicleta : .... Equipamiento : ....

Carretera

☐ Betún   ☐ Todo terreno   ☐ Montaña   ☐ Pista   ☐ Otros : ....

Desnivel : ....

Meteo

Condiciones meteorológicas :

☐ 1   ☐ 2   ☐ 3   ☐ 4   ☐ 5   .... C°

Mis objetivos

Mi motivación : ☺ ☺ ☺ ☺ ☺

Distancia : .... KM

Lugar : ....

Calorías a quemar : ....

Velocidad mín : ....

Velocidad máx : ....

Velocidad media : ....

Balance de situación

Hora de inicio :   h   Hora de final :   h

Distancia recorrida : .... KM

Calorías quemadas : ....

Frecuencia cardíaca : ....
(Justo después del esfuerzo)

Altitud máx : ....

Velocidad mín : ....

Velocidad máx : ....

Velocidad media : ....

Objetivos alcanzados : ☐ Sí   ☐ No

Notas :

....
....
....
....
....
....
....

Recorrido n° ....

Fecha :　　/　　　/ **Hora :**　　　h	Tipo de bicicleta : .... Equipamiento : ....

Carretera

☐ Betún　☐ Todo terreno　☐ Montaña　☐ Pista　☐ Otros : ....

Desnivel : ....

Meteo

Condiciones meteorológicas :

☰ ☐ 1　☐ 2　☐ 3　☐ 4　☐ 5　　　　　　　 ....C°

Mis objetivos

Mi motivación :　☺　☺　☺　☺　☺

Distancia : .... KM

Lugar : ....

Calorías a quemar : ....

Velocidad mín : ....

Velocidad máx : ....

Velocidad media : ....

Balance de situación

Hora de inicio :　h　　Hora de final :　h

Distancia recorrida : .... KM

Calorías quemadas : ....

Frecuencia cardíaca : ....
(Justo después del esfuerzo)

Altitud máx : ....

Velocidad mín : ....

Velocidad máx : ....

Velocidad media : ....

Objetivos alcanzados :　☐ Sí　　☐ No

Notas :

....
....
....
....
....
....
....

Recorrido n° ....

Fecha : / / **Hora :** h	Tipo de bicicleta : .... Equipamiento : ....

Carretera

☐ Betún   ☐ Todo terreno   ☐ Montaña   ☐ Pista   ☐ Otros : ....

Desnivel : ....

Meteo

Condiciones meteorológicas :

☐ 1   ☐ 2   ☐ 3   ☐ 4   ☐ 5   .... C°

Mis objetivos

Mi motivación : ☺ ☺ ☺ ☺ ☺

Distancia : .... KM

Lugar : ....

Calorías a quemar : ....

Velocidad mín : ....

Velocidad máx : ....

Velocidad media : ....

Balance de situación

Hora de inicio :   h   Hora de final :   h

Distancia recorrida : .... KM

Calorías quemadas : ....

Frecuencia cardíaca : ....
(Justo después del esfuerzo)

Altitud máx : ....

Velocidad mín : ....

Velocidad máx : ....

Velocidad media : ....

Objetivos alcanzados : ☐ Sí   ☐ No

Notas :

....

....

....

....

....

....

....

Recorrido n° ....

Fecha : / /	Tipo de bicicleta : ....
Hora : h	Equipamiento : ....

Carretera

☐ Betún   ☐ Todo terreno   ☐ Montaña   ☐ Pista   ☐ Otros : ....

Desnivel : ....

Meteo

Condiciones meteorológicas :

☐ 1   ☐ 2   ☐ 3   ☐ 4   ☐ 5   .... C°

Mis objetivos

Mi motivación : ☺ ☺ ☺ ☺ ☺

Distancia : .... KM

Lugar : ....

Calorías a quemar : ....

Velocidad mín : ....

Velocidad máx : ....

Velocidad media : ....

Balance de situación

Hora de inicio :   h   Hora de final :   h

Distancia recorrida : .... KM

Calorías quemadas : ....

Frecuencia cardíaca : ....
(Justo después del esfuerzo)

Altitud máx : ....

Velocidad mín : ....

Velocidad máx : ....

Velocidad media : ....

Objetivos alcanzados : ☐ Sí   ☐ No

Notas : ....
....
....
....
....
....
....

Recorrido n° _____

Fecha : ___ / ___ / ___	Tipo de bicicleta : _____
Hora : ___ h	Equipamiento : _____

Carretera

☐ Betún ☐ Todo terreno ☐ Montaña ☐ Pista ☐ Otros : _____

Desnivel : _____

Meteo

Condiciones meteorológicas :

Viento ☐ 1 ☐ 2 ☐ 3 ☐ 4 ☐ 5   _____ C°

Mis objetivos

Mi motivación : ☺ ☺ ☺ ☺ ☺

Distancia : _____ KM

Lugar : _____

Calorías a quemar : _____

Velocidad mín : _____

Velocidad máx : _____

Velocidad media : _____

Balance de situación

Hora de inicio : ___ h   Hora de final : ___ h

Distancia recorrida : _____ KM

Calorías quemadas : _____

Frecuencia cardíaca : _____
(Justo después del esfuerzo)

Altitud máx : _____

Velocidad mín : _____

Velocidad máx : _____

Velocidad media : _____

Objetivos alcanzados : ☐ Sí   ☐ No

Notas :

_____
_____
_____
_____
_____
_____

Recorrido n° ....

Fecha : / / **Hora :** h	**Tipo de bicicleta :** .... **Equipamiento :** ....

Carretera

☐ Betún ☐ Todo terreno ☐ Montaña ☐ Pista ☐ Otros : ....

Desnivel : ....

Meteo

Condiciones meteorológicas :

🌞 ⛅ ☁️ 🌧️ 🌧️ ❄️

💨 ☐ 1 ☐ 2 ☐ 3 ☐ 4 ☐ 5 🌡️ .... C°

Mis objetivos

Mi motivación : ☺ ☺ ☺ ☺ ☺

Distancia : .... KM

Lugar : ....

Calorías a quemar : ....

Velocidad mín : ....

Velocidad máx : ....

Velocidad media : ....

Balance de situación

Hora de inicio : h   Hora de final : h

Distancia recorrida : .... KM

Calorías quemadas : ....

Frecuencia cardíaca : ....
(Justo después del esfuerzo)

Altitud máx : ....

Velocidad mín : ....

Velocidad máx : ....

Velocidad media : ....

Objetivos alcanzados : ☐ Sí   ☐ No

Notas :

....
....
....
....
....
....
....

Recorrido n° ....

Fecha : / /	Tipo de bicicleta : ....
Hora : h	Equipamiento : ....

Carretera

☐ Betún   ☐ Todo terreno   ☐ Montaña   ☐ Pista   ☐ Otros : ....

Desnivel : ....

Meteo

Condiciones meteorológicas :

☐ 1   ☐ 2   ☐ 3   ☐ 4   ☐ 5   .... C°

Mis objetivos

Mi motivación : ☺ ☺ ☺ ☺ ☺

Distancia : .... KM

Lugar : ....

Calorías a quemar : ....

Velocidad mín : ....

Velocidad máx : ....

Velocidad media : ....

Balance de situación

Hora de inicio :   h   Hora de final :   h

Distancia recorrida : .... KM

Calorías quemadas : ....

Frecuencia cardíaca : ....
(Justo después del esfuerzo)

Altitud máx : ....

Velocidad mín : ....

Velocidad máx : ....

Velocidad media : ....

Objetivos alcanzados : ☐ Sí   ☐ No

Notas : ....

....
....
....
....
....
....

Recorrido n°......................

Fecha : / / **Hora :** h	Tipo de bicicleta : .... Equipamiento : ....

Carretera

☐ Betún ☐ Todo terreno ☐ Montaña ☐ Pista ☐ Otros : ....

Desnivel : ....

Meteo

Condiciones
meteorológicas :

☐ 1   ☐ 2   ☐ 3   ☐ 4   ☐ 5   .... C°

Mis objetivos

Mi motivación : ☺ ☺ ☺ ☺ ☺

Distancia : .... KM

Lugar : ....

Calorías a quemar : ....

Velocidad mín : ....

Velocidad máx : ....

Velocidad media : ....

Balance de situación

Hora de inicio : h   Hora de final : h

Distancia recorrida : .... KM

Calorías quemadas : ....

Frecuencia cardíaca : ....
(Justo después del esfuerzo)

Altitud máx : ....

Velocidad mín : ....

Velocidad máx : ....

Velocidad media : ....

Objetivos alcanzados : ☐ Sí   ☐ No

Notas : ....

....
....
....
....
....
....

Recorrido n° ....

Fecha : / /

Hora : h

Tipo de bicicleta : ....

Equipamiento : ....

Carretera

☐ Betún   ☐ Todo terreno   ☐ Montaña   ☐ Pista   ☐ Otros : ....

Desnivel : ....

Meteo

Condiciones meteorológicas :

☐ 1   ☐ 2   ☐ 3   ☐ 4   ☐ 5

.... C°

Mis objetivos

Mi motivación : ☺ ☺ ☺ ☺ ☺

Distancia : .... KM

Lugar : ....

Calorías a quemar : ....

Velocidad mín : ....

Velocidad máx : ....

Velocidad media : ....

Balance de situación

Hora de inicio : h   Hora de final : h

Distancia recorrida : .... KM

Calorías quemadas : ....

Frecuencia cardíaca : ....
(Justo después del esfuerzo)

Altitud máx : ....

Velocidad mín : ....

Velocidad máx : ....

Velocidad media : ....

Objetivos alcanzados : ☐ Sí   ☐ No

Notas :

....
....
....
....
....
....

Recorrido n° ....

Fecha : / /	Tipo de bicicleta : ....
Hora : h	Equipamiento : ....

Carretera

☐ Betún   ☐ Todo terreno   ☐ Montaña   ☐ Pista   ☐ Otros : ....

Desnivel : ....

Meteo

Condiciones meteorológicas :

☐ 1   ☐ 2   ☐ 3   ☐ 4   ☐ 5   ....C°

Mis objetivos

Mi motivación : ☺ ☺ ☺ ☺ ☺

Distancia : .... KM

Lugar : ....

Calorías a quemar : ....

Velocidad mín : ....

Velocidad máx : ....

Velocidad media : ....

Balance de situación

Hora de inicio :   h   Hora de final :   h

Distancia recorrida : .... KM

Calorías quemadas : ....

Frecuencia cardíaca : ....
(Justo después del esfuerzo)

Altitud máx : ....

Velocidad mín : ....

Velocidad máx : ....

Velocidad media : ....

Objetivos alcanzados : ☐ Sí   ☐ No

Notas : ....

....
....
....
....
....
....

Recorrido n° ....

Fecha : / / **Hora :** h	Tipo de bicicleta : .... Equipamiento : ....

Carretera

☐ Betún ☐ Todo terreno ☐ Montaña ☐ Pista ☐ Otros : ....

Desnivel : ....

Meteo

Condiciones meteorológicas :

☐ 1 ☐ 2 ☐ 3 ☐ 4 ☐ 5

.... C°

Mis objetivos

Mi motivación : ☺ ☺ ☺ ☺ ☺

Distancia : .... KM

Lugar : ....

Calorías a quemar : ....

Velocidad mín : ....

Velocidad máx : ....

Velocidad media : ....

Balance de situación

Hora de inicio : h   Hora de final : h

Distancia recorrida : .... KM

Calorías quemadas : ....

Frecuencia cardíaca : ....
(Justo después del esfuerzo)

Altitud máx : ....

Velocidad mín : ....

Velocidad máx : ....

Velocidad media : ....

Objetivos alcanzados : ☐ Sí   ☐ No

Notas :

....
....
....
....
....
....

Recorrido n° ....

| Fecha :   /   /
 Hora :   h | Tipo de bicicleta : ....
 Equipamiento : .... |

Carretera

☐ Betún   ☐ Todo terreno   ☐ Montaña   ☐ Pista   ☐ Otros : ....

Desnivel : ....

Meteo

Condiciones meteorológicas :

☐ 1   ☐ 2   ☐ 3   ☐ 4   ☐ 5   .... C°

Mis objetivos

Mi motivación : ☺ ☺ ☺ ☺ ☺

Distancia : .... KM

Lugar : ....

Calorías a quemar : ....

Velocidad mín : ....

Velocidad máx : ....

Velocidad media : ....

Balance de situación

Hora de inicio :   h   Hora de final :   h

Distancia recorrida : .... KM

Calorías quemadas : ....

Frecuencia cardíaca : ....
(Justo después del esfuerzo)

Altitud máx : ....

Velocidad mín : ....

Velocidad máx : ....

Velocidad media : ....

Objetivos alcanzados : ☐ Sí   ☐ No

Notas :

....
....
....
....
....
....
....

Recorrido n° ....

Fecha : / /	Tipo de bicicleta : ....
Hora : h	Equipamiento : ....

Carretera

☐ Betún ☐ Todo terreno ☐ Montaña ☐ Pista ☐ Otros : ....

Desnivel : ....

Meteo

Condiciones meteorológicas :

☐1 ☐2 ☐3 ☐4 ☐5   .... C°

Mis objetivos

Mi motivación : ☺ ☺ ☺ ☺ ☺

Distancia : .... KM

Lugar : ....

Calorías a quemar : ....

Velocidad mín : ....

Velocidad máx : ....

Velocidad media : ....

Balance de situación

Hora de inicio :   h   Hora de final :   h

Distancia recorrida : .... KM

Calorías quemadas : ....

Frecuencia cardíaca : ....
(Justo después del esfuerzo)

Altitud máx : ....

Velocidad mín : ....

Velocidad máx : ....

Velocidad media : ....

Objetivos alcanzados : ☐ Sí   ☐ No

Notas :

....

....

....

....

....

....

....

Recorrido n° ....

Fecha : / / Hora : h	Tipo de bicicleta : .... Equipamiento : ....

Carretera

☐ Betún   ☐ Todo terreno   ☐ Montaña   ☐ Pista   ☐ Otros : ....

Desnivel : ....

Meteo

Condiciones meteorológicas :

☐ 1   ☐ 2   ☐ 3   ☐ 4   ☐ 5   .... C°

Mis objetivos

Mi motivación :   ☺   ☺   ☺   ☺   ☺

Distancia : .... KM

Lugar : ....

Calorías a quemar : ....

Velocidad mín : ....

Velocidad máx : ....

Velocidad media : ....

Balance de situación

Hora de inicio :   h   Hora de final :   h

Distancia recorrida : .... KM

Calorías quemadas : ....

Frecuencia cardíaca : ....
(Justo después del esfuerzo)

Altitud máx : ....

Velocidad mín : ....

Velocidad máx : ....

Velocidad media : ....

Objetivos alcanzados : ☐ Sí   ☐ No

Notas : ....

....

....

....

....

....

....

Recorrido n°

Fecha : / / **Hora :** h	Tipo de bicicleta : .... Equipamiento : ....

Carretera

□ Betún □ Todo terreno □ Montaña □ Pista □ Otros : ....

Desnivel : ....

Meteo

Condiciones meteorológicas :

☼ ⛅ ☁ ☁ 🌧 ❄✻

≋ □ 1 □ 2 □ 3 □ 4 □ 5   🌡 .... C°

Mis objetivos

Mi motivación : ☺ ☺ ☺ ☺ ☺

Distancia : .... KM

Lugar : ....

Calorías a quemar : ....

Velocidad mín : ....

Velocidad máx : ....

Velocidad media : ....

Balance de situación

Hora de inicio : h   Hora de final : h

Distancia recorrida : .... KM

Calorías quemadas : ....

Frecuencia cardíaca : ....
(Justo después del esfuerzo)

Altitud máx : ....

Velocidad mín : ....

Velocidad máx : ....

Velocidad media : ....

Objetivos alcanzados : □ Sí   □ No

Notas :

....
....
....
....
....
....
....

Recorrido n° ....

Fecha : / /

Hora : h

Tipo de bicicleta : ....

Equipamiento : ....

Carretera

☐ Betún ☐ Todo terreno ☐ Montaña ☐ Pista ☐ Otros : ....

Desnivel : ....

Meteo

Condiciones
meteorológicas :

☐ 1 ☐ 2 ☐ 3 ☐ 4 ☐ 5 .... C°

Mis objetivos

Mi motivación : ☺ ☺ ☺ ☺ ☺

Distancia : .... KM

Lugar : ....

Calorías a quemar : ....

Velocidad mín : ....

Velocidad máx : ....

Velocidad media : ....

Balance de situación

Hora de inicio : h   Hora de final : h

Distancia recorrida : .... KM

Calorías quemadas : ....

Frecuencia cardíaca : ....
(Justo después del esfuerzo)

Altitud máx : ....

Velocidad mín : ....

Velocidad máx : ....

Velocidad media : ....

Objetivos alcanzados : ☐ Sí ☐ No

Notas : ....

....
....
....
....
....
....
....

Recorrido n° ....

Fecha : / /	**Tipo de bicicleta :** ....
Hora : h	**Equipamiento :** ....

Carretera

☐ Betún ☐ Todo terreno ☐ Montaña ☐ Pista ☐ Otros : ....

Desnivel : ....

Meteo

Condiciones meteorológicas :

☐ 1 ☐ 2 ☐ 3 ☐ 4 ☐ 5   .... C°

Mis objetivos

Mi motivación : ☺ ☺ ☺ ☺ ☺   Velocidad mín : ....

Distancia : .... KM

Lugar : ....   Velocidad máx : ....

Calorías a quemar : ....   Velocidad media : ....

Balance de situación

Hora de inicio : h   Hora de final : h   Altitud máx : ....

Velocidad mín : ....

Distancia recorrida : .... KM

Velocidad máx : ....

Calorías quemadas : ....   Velocidad media : ....

Frecuencia cardíaca : ....   Objetivos alcanzados : ☐ Sí   ☐ No
(Justo después del esfuerzo)

Notas :

....
....
....
....
....
....

Recorrido n° ....

Fecha : / /

Hora : h

Tipo de bicicleta : ....

Equipamiento : ....

Carretera

☐ Betún ☐ Todo terreno ☐ Montaña ☐ Pista ☐ Otros : ....

Desnivel : ....

Meteo

Condiciones meteorológicas :

☐ 1 ☐ 2 ☐ 3 ☐ 4 ☐ 5 .... C°

Mis objetivos

Mi motivación : ☺ ☺ ☺ ☺ ☺

Distancia : .... KM

Lugar : ....

Calorías a quemar : ....

Velocidad mín : ....

Velocidad máx : ....

Velocidad media : ....

Balance de situación

Hora de inicio : h   Hora de final : h

Distancia recorrida : .... KM

Calorías quemadas : ....

Frecuencia cardíaca : ....
(Justo después del esfuerzo)

Altitud máx : ....

Velocidad mín : ....

Velocidad máx : ....

Velocidad media : ....

Objetivos alcanzados : ☐ Sí   ☐ No

Notas :

....
....
....
....
....
....
....

Recorrido n° ....

Fecha : / /	Tipo de bicicleta : ....
Hora : h	Equipamiento : ....

Carretera

☐ Betún   ☐ Todo terreno   ☐ Montaña   ☐ Pista   ☐ Otros : ....

Desnivel : ....

Meteo

Condiciones
meteorológicas :

☐ 1   ☐ 2   ☐ 3   ☐ 4   ☐ 5   .... C°

Mis objetivos

Mi motivación : ☺ ☺ ☺ ☺ ☺

Distancia : .... KM

Lugar : ....

Calorías a quemar : ....

Velocidad mín : ....

Velocidad máx : ....

Velocidad media : ....

Balance de situación

Hora de inicio :   h   Hora de final :   h

Distancia recorrida : .... KM

Calorías quemadas : ....

Frecuencia cardíaca : ....
(Justo después del esfuerzo)

Altitud máx : ....

Velocidad mín : ....

Velocidad máx : ....

Velocidad media : ....

Objetivos alcanzados : ☐ Sí   ☐ No

Notas :

....
....
....
....
....
....
....

Recorrido n° ....

Fecha : / / Hora : h	Tipo de bicicleta : .... Equipamiento : ....

Carretera

☐ Betún   ☐ Todo terreno   ☐ Montaña   ☐ Pista   ☐ Otros : ....

Desnivel : ....

Meteo

Condiciones
meteorológicas :

☐ 1   ☐ 2   ☐ 3   ☐ 4   ☐ 5   .... C°

Mis objetivos

Mi motivación : ☺ ☺ ☺ ☺ ☺

Distancia : .... KM

Lugar : ....

Calorías a quemar : ....

Velocidad mín : ....

Velocidad máx : ....

Velocidad media : ....

Balance de situación

Hora de inicio :   h   Hora de final :   h

Distancia recorrida : .... KM

Calorías quemadas : ....

Frecuencia cardíaca : ....
(Justo después del esfuerzo)

Altitud máx : ....

Velocidad mín : ....

Velocidad máx : ....

Velocidad media : ....

Objetivos alcanzados : ☐ Sí   ☐ No

Notas :
....
....
....
....
....
....
....
....

Made in the USA
Monee, IL
18 September 2021